50歳から輝く女性の生き方

穴口恵子
Anaguchi Keiko

きずな出版

はじめに――

これまでの人生を全力疾走してきた、あなたへ

これまでの人生、本当にお疲れ様でした！

この50年余りをふり返って、ずっと目の前のことに一生懸命だった、という女性も少なくないでしょう。

結婚をして、主婦として夫の仕事を支え続けてきた人。

出産をして、育児に奔走してきた人。

家事をこなし、常に夕飯の献立や明日のやることに追われてきた人。

家族が生活するために、主婦と仕事の両方をこなしてきた人。

自分の生活のために、一人でしっかり働いてきた人。

家計やローン、子どもの学費など、毎日の生活というリアルと向き合うため、「あれをやりた

い」「これをやりたい」という自分の声を聴かないふりをしてきたのではありませんか？

ぜひ、無事に子育てを終え、家庭を保ち、毎日仕事や家事をこなしてきた自分を、たくさん労《ねぎら》ってあげてください。

そして、次はあなたの番です。

後まわしにしてきた自分が、やっと人生の主役になるときがきたのです。

あなたはこれから、どんな生活を送りたいですか？

どんなコミュニティに属したいですか？

どんな人と関わってみたいですか？

どんな満たされた生活を望んでいますか？

「急に言われてもわからない……」

そう思った方もいるはず。突然、自分の時間ができたことで、「私の人生って、何だったんだろう？」と、漠然とした喪失感や、やるせなさを感じている人は、意外と多いのです。

なぜ、そうなってしまうかと言えば、「心の声」を無視してきたからです。

「心の声」とは、あなた自身が素直に感じる「想い」です。

それに対して、「頭の中の声」は、あなたが社会や親、まわりの人から受けとった「考え方」や「価値観」「経験値」です。

「心の声」と「頭の中の声」が一致しているとき、あなたは、幸福感やワクワク感を体験しています。一方、一致していないときは、どこかモヤモヤして、気持ちがスッキリしません。「まわりに変と思われたらどうしよう」と自分が輝く行動を抑え込んでしまいます。

「心の声」は、自分の本当の思いを伝えてくれますが、仕事や生活、家族の世話などで、「それどころではなかった」という方は多いでしょう。

そうして、いつのまにか自分の心の声を聴く力が閉じていき、本当にやりたいことや、自分の望む生活がわからなくなってしまったのです。

でも、いまはどうでしょう？　子どもが育ち、仕事や生活は相変わらず忙しくても、50代になれば、それまでよりは少し、心の声を聴く余裕ができたのではありませんか。

まずは今の自分を見直し、過去の自分に謝《あやま》っておきましょう。

「あのときはごめんね」

そして、いま改めて、問いかけてみましょう。
「本当は、どんなことがしたい？」

いまの時代には、さまざまなライフスタイルがあります。
そして、その多様性を社会が認める、寛容な時代が訪れているのです。
まずは、いまの50代が実際にしている生活の一部をご紹介していきますね。

- □ 趣味のコミュニティに参加して、好きなもの中心の生活をする
- □ 同世代の女性たちとつながり、そのコミュニティで生きる
- □ 新しい習いごとに挑戦する
- □ 昔やっていたことに再挑戦してみる
- □ SNSを始めて、好きなことを発信してみる
- □ アウトソーシングに登録して、得意なことを新しい仕事にしてみる
- □ 一人で自由に旅行へ行く

また、一人で暮らしていたり、しがらみのないフラットな状態だったりする場合は、次のような生活もできるでしょう。

- □シェアハウスに応募して、同世代の女性と一緒に住んでみる
- □地方のコミュニティに参加して、まったく違う土地に住んでみる
- □独り暮らしをしながら、ふらっと夕飯だけ友達と一緒に食べる生活をする
- □友達が忙しいときには、子どもの面倒を見てあげる
- □新しいパートナーを同性・異性問わずに探してみる

大切なのは、より気楽に、自分が本当に満たされる生活を選んでいくことです。

人と関わって生きていきたいと思ったら、ちょっと体験してみて、

「楽しいから、しばらくこのコミュニティに関わってみよう」

「ここはあんまり合わないかも」

と、気分で続けたり、やめたりしても構いません。

私も近所のビストロに一人で行くことがあるのですが、顔見知りのお客さんがいたり、お店の人が私を覚えてくれていたりします。ささやかですが、これも一種のコミュニティです。何度かお店に行っていれば、マスターに「また来てくれて、ありがとうございます」と言われたり、ほかの常連さんとマスターが盛り上がっているときに「ね、お嬢さん」と話を振られたりすることもあるでしょう。

そんな、ちょっとしたことで、人とのつながりはできていきます。

「自分から積極的に話しかけられない」という人もいるでしょう。

それはそれで、いいのです。

大切なことは、あなたが、あなたらしく、満たされた人生を選択すること。

50代になったからこそ、それを始められる。

そのタイミングが、きっと、この本を手にとってくださった今です！

それを信じて、この本を書いていきますね。

穴口恵子

第1章

ここからが本当の人生の始まり

第2章

ライフスタイルの選択

第3章

スピリチュアルで満たされる

第4章

リアルで満たされる

第5章

過去をちゃんと清算する

第6章

恋愛だって、あきらめない

第7章 欲しい未来がやってきた！

50歳から輝く女性の生き方

編集協力　小山田美涼

第1章

ここからが本当の人生の始まり

「大好きな自分」のために生きる

あなたにとって50代は、

「もう50代……」

「まだ50代！」

どちらでしょうか？

「もう50歳にもなるのに、私って……」

「どうせ、この先の人生も、こんな感じなんだろうな」

「このまま歳を取っていって、私は本当にいいんだろうか」

もしかすると、焦《あせ》りや不安を抱えている方もいるかもしれません。

でも、すでに50歳を迎えた私が、まずお伝えしたいことは、

「あなたには、次の50年が待っているんですよ」

ということです。

人生100年寿命といわれる時代ですから、50歳なんてまだまだ半分。

これまでの人生や、いまに不満を抱えている方も、この先の50年は、心から楽しいと感じられる生き方をしてみませんか？

自由に、「自分が好きだ」と思うことに囲まれる50代を満喫するために。

準備ができたら、さっそく始めていきましょう。

◆まずは「人生の棚卸し」をする

最初に行うのは、棚卸《たなおろ》しです。

棚卸しとは、これまでの人生をふり返る作業のこと。

自分なりに輝く生き方のヒントは、過去にあります。

あなたはこれまで、どんな人生を歩んできましたか？

「私の生きてきた50年って、こんな50年だったの」

0歳から50歳までの自分を、見つめ返してみましょう。

幼い頃、どんなことに楽しみを感じていましたか？
とっても嬉しかった思い出は何ですか？
子ども時代、何をして遊んでいましたか？
小学生の頃、得意だった教科はありますか？
苦手だった食べ物はありますか？　それは大人になって、克服しましたか？
どうしても欲しかったものはありますか？　それは手に入りましたか？
初恋はいつですか？
甘酸っぱい思い出はありますか？
尊敬する人はいますか？
喧嘩をして、悲しい気持ちになったことはありますか？
趣味はありますか？
ワクワクできるようなファッションを身につけていますか？

棚卸しで大切なのは、「楽しい」「ワクワクする」と感じる思い出や、「あたたかい気持ちになる」「大切にしたい」と感じる思い出を、再確認するということです。

そのような思い出をたどると、いまの自分が大切にしたいものも見えてきます。

◆「大切なもの」を再確認する

なぜ50代になって、「自分にとって大切なもの」を再確認するのかというと、現状に不満や不安、無気力を感じている人の多くが、子どもの頃の楽しい気持ちやワクワクする気持ちを忘れてしまっているからです。

- □ **自分はどういう状態が楽しいと感じるのか？**
- □ **何をしているときに、ワクワクすると感じるのか？**
- □ **どんなことを大切にして生きていきたいのか？**

この答えがわかれば、輝く生き方までは、もうすぐ！

そのためにも、棚卸しをして自分を見つめる時間をつくってあげることが大切です。

棚卸しをしていくと、「自分にはこんな大切な思い出があった」「あのときは楽しかった」という思い出が見つかっていくと思います。

そうした思い出に気づいてあげることで、体にポジティブなエネルギーが循環して、あたたかい気持ちになっていくのです。

もしかすると、「自分の人生はつまらない」「このままでいいのかな」と、ネガティブになっていた気持ちが「なんだか大丈夫かも」「楽しそう」と変化する人もいるかもしれません。

さらにポジティブなエネルギーを受けとる力が強い人は、自信が湧いてきて、昔やっていたことや、新しいことに挑戦してみたくなることもあります。

一歩、踏み出してみよう、という気持ちになれたら、棚卸しは大成功です。

いまの自分にあるもの、ないもの

この項目では、自分の中に強く残る記憶について、棚卸しをしていきます。

嬉しかったこと、悲しかったこと。

どんなことでもいいので、自分に大きな影響を与えたエピソードを見つめていきましょう。

そうすることで、いまの自分が持っているもの、持っていないもの。

そして、それらがどこからやってきたのかを理解していくことができます。

あなたに大きな影響を与えた思い出は何ですか?

こうお伝えすると、ネガティブなことから思い出してしまう方もいるかもしれません。人間の脳は嫌なことを強く記憶するので、ネガティブなことを先に思い出してしまう場合が多いのです。

私にも、心に残り続けている嫌な思い出があります。

それは、まだ幼稚園に通っていた頃でした。

お遊戯《ゆうぎ》会でシンデレラの劇をやることになり、私はシンデレラの役をやりたかったのです。けれども、先生が勝手に配役を決めて、私はネズミ役になってしまいました。私はショックでした。嫌で嫌でしかたがなくて、これまでの人生で一番「嫌だ！」と思う出来事でした。しかも、劇で使うお面を描いてくる宿題が出て、私はさらに嫌な思いをすることになったのです。ネズミのお面は、代わりに兄が描いてくれました。しかし、当時の兄は絵画教室に通っていて、絵がうまいばっかりに、リアルなネズミのお面ができてしまったのです。子どもの私はそれが気持ち悪くて、本当に嫌でした。

これが、私が鮮明に覚えている嫌な思い出です。きっとみなさんにも、自分なりのすごく嫌だった思い出があることでしょう。

でも、こうした嫌な体験を一度してしまうと、

「私がやりたいと思っていたことって、いつもうまくいかない」

「自分が本当に望んでいることは、どうせ叶わないんだ」

と考えてしまいがちです。

そのまま大人になって、「どうせ手に入らないのだから、望まないほうがマシ」という考え方

で生きている方も、案外、多いかもしれません。

私もこのときは、「自分には才能がないんだ」と落ちこみました。

でも、そういうネガティブな考え方が自分にあると感じたら、きっかけとなった思い出こそ見てあげてほしいのです。じつは自分の人生に影響を与えている思い出が、そこにあるかもしれません。

たしかに、嫌な記憶を思い出すのは、楽しいことではありません。

もしかすると、泣き出したくなるほど嫌だったり、嫌なことばかり思い出す自分が嫌い、と自分を責めてしまったりすることもあるかもしれません。

つらくなってしまったら、一度棚卸しをするのを止めて、また別の日に考えてみるのもいいでしょう。リラックスして、自分に向き合えるタイミングで見つめてみてください。

◆ネガティブエネルギーを出しきる

棚卸しを続けられる場合は、「たまには、嫌なことをたくさん吐き出す日があってもいい」と自分を許してあげましょう。自分の本当の声を聴いてあげるのも、棚卸しの一つです。

自分の本当の声は、心の中から正直に感じる想いなのです。本当の声を、この本では「心の声」と呼んでいきます。

頭に浮かぶ嫌なことを羅列して、言葉に出してみてください。

いまでもやっぱりつらいのか、腹が立つのか、それとも案外、口にしたらすっきりするのか。自分がどう感じるのかを味わってみます。

そうして、自分の心の声が聴こえたら、体に残っているネガティブなエネルギーを外へすべて出しきっていきましょう。

手順は次の通りです。

---

1 心の声を言葉に出して羅列《られつ》したあとに、「そう思うこともあるさ、それが今日だった」と口にする

2 「はあー」と大きくため息を出す

3 「こんなに嫌なこと、たくさん言っちゃった」とつぶやき、

自分の中にあるネガティブエネルギーを外へ出しきる

4 深呼吸をして、フレッシュな空気を体に取りこんであげる

5 合掌《がっしょう》、気分を整える

合掌をして気分を整えると、だんだんと気持ちが落ち着いてきます。合わせた手のひらがポカポカとあたたかくなってきたら、もうネガティブエネルギーは残っていないということです。

嫌な思い出を出しきったら、自然といい思い出も見えていきます。

あなたには、どんないい思い出がありましたか？

私の中には、お母さんと栗拾いをしたときの思い出が残っています。

一緒につくった栗ごはんを食べたときには、「こんなに美味しいものが、この世界にあるのか！」と衝撃《しょうげき》を受けました。そこで私は、食べる喜びを強く感じたのです。

私にとってこの思い出は、とてもワクワクするものでした。

また、あるときには、別のお遊戯会で、ダンスをする役に抜擢されたことがありました。当

時、ダンスが大好きだった私は本当に嬉しい気持ちになって、心の中で「やった！」とたくさん叫んでいたのを覚えています。

こんなふうに、実際の声には出さなかったけれど、「嬉しい・楽しい・ワクワクする」と感じていた自分は、案外、いろいろな思い出の中にいます。

「自分はこの思い出から、こんなギフトを受けとった」〈ギフト〉を見つけたら、同じように、言葉にしてあげましょう。もっと心地いい気持ちになって、ポジティブなエネルギーをたくさん受けとれます。

- □ とっても嬉しかった思い出は何ですか？
- □ 幼い頃、どんなことに楽しみを感じていましたか？
- □ 小学生の頃、得意だった教科はありますか？
- □ 尊敬する人はいますか？
- □ 趣味はありますか？
- □ ワクワクできるようなアイテムを身につけていますか？

◆未来をコントロールする

「自分には、ギフトが全然なかった」「嫌な思い出ばかりだった」という場合も、いまはない、と気づけた時点で、棚卸しをした意味は十分にあります。

それに、いまはギフトがなくても、〈ギフトを持っている自分〉に変換していけるのです。

例として、クラスで学級委員をやりたいTさんのお話を見ていきましょう。

Tさんは学級委員に立候補しますが、人気者のBさんとの投票で負けてしまいました。

すると、Tさんの中には「自分にはリーダーの才能がない」「クラスの人からの信頼もない」という思いが生まれ、ことあるごとに「才能がないんだからやめときなよ」と囁く声が聴こえるようになったのです。

やがてTさんは挑戦をやめ、やりたいこともあきらめましたが、しばらくすると、「自分には何もない」と焦りを感じるようになりました。

もしかすると、いま悩んでいる方は、Tさんのような経験をしてきたのかも。

でもTさんは、ちゃんと未来で欲しいものを手に入れられたのです。

きっかけは、「得意なことって何?」と自分に問いかけたことでした。

家で犬を飼っていたTさんは「動物の世話ならできるかも」という自分の心の声を聴いて、飼育委員に挑戦。ウサギの世話だけでなく、繁殖《はんしょく》にも成功したのです。それは校内新聞でも取り上げられ、Tさんは大きな「自信」を手に入れました。その後、Tさんはもう一度学級委員に立候補し、翌年、学級委員になれたのです。

このように、過去で「ない」と感じていたものでも、未来の自分が受けとれることがあります。

大切なのは、ないものだけでなく、いま持っているギフトも見てあげること。未来は自分で選べる、と気づいてあげることです。

じつは、自分の未来をコントロールできると知っている人は、案外、少ないのです。

そのことに気づいたあなたなら、自分が輝いている未来も選べるはず。

あなたが持っているものを最大限に活用して、自分だけの生き方を選びにいきましょう。

自分に必要なもの、必要でないもの

ギフトをたくさん見つけたら、〈断捨離〉をしてみるのも、自分だけの生き方を見つける一つの方法です。

言っていることが違うじゃないか、と思うかもしれませんが、「いつか使うと思って、きれいなお菓子の空き箱を取っておいたけど、まったく使わずにスペースだけを取っている」みたいなこと、意外と日常でもありませんか？

あなたが持っているものの中にも、同じようなものがあるかもしれません。

「もう、いまの自分には必要ないかな」

そういうギフトを断捨離していくと、〈シンプルな世界〉へ入っていけます。

シンプルな世界とは、必要なギフトだけがある世界のこと。自分自身がシンプルになれば、自分が輝くために大切なことも、これまで以上にはっきりと見えてきます。

「これだけを持っていればいい」という世界にたどり着ければ、これから出会う新しいギフトを客観的に判断して、受け入れることもできるでしょう。

◆大切なギフトを見極めよう

反対に、いままで手に入れてきたギフトのなかには、昔は必要だったけど、いまの自分にとっては重荷になっている、というものもあるかもしれません。

- □「一度結婚したら、何があっても添い遂げなくてはならない」
- □「女性は結婚して、子どもを産むのが当たり前」
- □「男性は結婚したら、家族を養わなくてはいけない」
- □「主婦が子どもを預けて、一人で遊びにいくのはおかしい」
- □「50歳の女性が、友達と夜遅くまで飲み歩いているのはおかしい」
- □「50代にもなって、独身のままは恥ずかしい」

これは、ある種の〈考え方〉というギフトです。

このようなギフトを持っているのが悪い、というわけではありませんが、この先もずっと持ち続けることで、手に入らないものがあるかもしれない、というのはお伝えしたいと思います。

それは、このギフトに限った話ではなく、どのギフトに対しても同じです。

持ち続けていることで、いまの自分の周波数とは共鳴しない未来、というのもあるでしょう。

「周波数」は、「エネルギー」という言葉に置き換えることもできるもの。もともとのギフトが多いほど、周波数の幅は狭くなり、共鳴しない未来の数も増えていくかもしれません。

ですから、必要なギフトと、必要でないギフトの整理は大切なのです。

大切なのは、「50代のいまの自分が、何を持ち続けたいか」ということです。

◆やってみたいことをやるために

軽やかなでシンプルな世界に足を踏み入れると、あなたが欲しいと思っているものも、やがて手に入るようになっていきます。

すでに自分のなりたい姿や、やってみたいことが見つかっている場合も同様です。あなたの望むものは、今後、あなた自身が手に入れていくことができます。

たとえば、「髪の毛をピンクに染めてみたい」というような、興味はあったけど、なかなか勇気が出なかったことでもいいのです。

自分が心から「やりたい!」と感じるものを、どんなものでもいいので並べてみましょう。

「でも、こんな歳になって……」

もしかすると、やりたいことの後ろに、自分を引き留めるような言葉が聴こえるかもしれません。その場合は、あなたがこれまでの人生で積み重ねてきた〈価値観〉というギフトを見直してみるのもいいでしょう。

自分の中に「でも」とか「どうせ、そんなことできるわけない」というような否定の言葉が聴こえる場合は、次のような「やりたいこと」にも抵抗感を覚えるかもしれません。

····

□「休みの日は昼過ぎまでゆっくり寝ていたい」

····

□「夜遅くに一人でバーに行って、ゆっくりとお酒を飲んでみたい」
□「友達とディズニーランドへ行って、学生時代みたいに遊びたい」
□「若い子が穿くようなミニスカートを穿いて出かけたい」
□「派手なアイメイクをしてみたい」
□「フリルのたくさんついたワンピースを着て、お姫様気分を味わいたい」
□「女性でも格好いい服／男性でも可愛い服を着たい」
□「SNSで若者に人気のパンケーキ屋さんに行ってみたい」
□「好きなアーティストのライブに参加してみたい」
□「これからピアノを習って、好きな曲を弾けるようになりたい」
□「園芸が趣味だから、難しい花の栽培に挑戦したい」
□「流行りのゲームを自分でもやってみたい」
□「自分でも絵を描いて、マンガを出してみたい」

「50代とは、○○でなければならない」というイメージが染みついている方も、案外、少なくありません。そのような方たちの多くは、無意識のうちに「正しい50代のイメージ」が自分の中にできてしまっているのです。

正しいイメージがどこからやってきたのかというと、それは、あなたを大切に思うまわりの人たちです。

私たちは、幼い頃から親や先生に導かれて生きてきました。

「正しい人になってほしい」「社会に貢献できる大人に成長してほしい」という親の期待に応えようとしたことがあるかもしれません。そのような人生経験が、あなたの中に「いい大人、いい50代のイメージ」を勝手につくり上げています。

周囲の期待に応えるのは、決して悪いことではありません。期待されているから頑張れる、ということもありますが、その価値観は、もともと自分の中にあったものではないのです。

自分のものではない価値観に従っていると、本来の自分が望んでいることを「それは間違っている」と勘違いしてしまう場合があります。自分の「やりたい」という心の声を否定する思考が浮かんだら、一度、自分の中にある価値観を見直し、余計なものは手放してみるといいかもしれません。

章の終わりに

いまの自分に感謝して次のステージへ

棚卸しをしてみると、意外と自分には持っているギフトがいっぱいある、と驚いた方もいるかもしれません。

こんなにもたくさんのギフトを手に入れてきたのは、まぎれもないあなたです。

ここまで生きてきた自分を、まずはたくさん褒めてあげてください。さまざまな体験をして、乗り越えてきた50代の自分を認めてあげてください。

大切なのは、いまの自分が輝くために必要なものだけを残すこと。

そして、必要なものを与えてあげることです。

余計なものを置いて身軽になれば、50代の可能性はどんどん開いていきます。

さあ、次の章から、具体的な自分だけの輝く生き方を見つけにいきましょう。

1章のふり返り質問

□「あなたにとって、人生で大切な思い出は何ですか？」

□「あなたの人生に、大きな影響を与えた思い出は何ですか？」

□「これまで、どんなギフトを受けとってきましたか？」

□「いま持っているギフトは、本当に必要なものですか？」

□「『50代なんだから』という声が聴こえたことがありますか？」

□「これから手に入れたい未来は、どんなものですか？」

第2章

ライフスタイルの選択

50代からのライフスタイル

次の50年、あなたはどんな生活を送りたいと感じていますか？

自分の人生の脚本家になったつもりで、自分なりの理想の生活や、やってみたいことを羅列してみましょう。

そして、実際に体験している姿を、自由に想像してみてください。

そうすることで、これから先のライフスタイルに選択肢が生まれていきます。

- □「自分は主婦だから、家事をしている生活しか浮かばない」
- □「ふだんから子ども優先の生活をしているから、子どものことを考えてしまう」
- □「いまの仕事や家庭が忙しすぎて、そんな先のことは考えられない」

もしかすると、このように強く感じる方もいるかもしれません。

忙しい毎日を過ごしていると、自分のことや未来は後まわしになってしまう、という方は、少なくありません。

そのときは、一度、日常から意識を離して、どこか遠くの場所にいる自分を想像してみましょう。自由な気持ちになって、これからあなたがやってみたいことを考えてみてください。

「やりたいことって言われても、すぐに思い浮かばない」

ぱっと頭に浮かぶものがなかった方も、焦る必要はありません。

まずは、自分の身近なところにある興味・関心に目を向けてみましょう。

「自分と同じ、50代の女性とつながってみたい」

「どんな生活を送っているのかを聞いてみたい」

というようなものでもいいのです。「〇〇してみたい」と少しでも感じることがあれば、自分だけの〈やりたいことリスト〉に加えておきます。

やりたいことをたくさん見つけて、体験していけば、あなたが本当に望むライフスタイルも見つかるはず。

あなたがこれから、やりたいと思うことは何ですか？

それを現実にするには、どうしたらいいですか？

あなただけの妄想《もうそう》の世界で、自由にシナリオをつくってみてください。

ここでは例として、「同年代の友達が欲しい」と感じている女性のシナリオを見ていきます。

実際に「友達が欲しい」と感じたときに、どんな方法が思いつきますか？

私だったら、まずＳＮＳを提案します。

ＳＮＳには、さまざまな生活を送っている方がいますから、「いろいろなライフスタイルを知りたい」という女性にぴったりです。住んでいる場所も、職業も、国籍も、生き方も違う、「自分とはまったく異なる世界にいる同年代の女性」とつながれるチャンスがあります。

「本当にそんなことがあるの？」

そう思われるかもしれません。

しかし、私がＳＮＳを見ているかぎりでも、本当にバラエティーに富んだ50代女性の方が、それぞれの生き方を発信しているのです。

一つの例として、50代女性のライフスタイルをご紹介しますね。

□「ずっと独身で、ひとり暮らしをエンジョイしている」
□「このあいだ結婚したばかりで、新婚生活を満喫中」
□「もう夫婦で20年以上一緒にいて、円満な生活を送っている」
□「婚活をしているけど、なかなかいい人が見つからない」
□「仕事も子育てもしていて本当に忙しい」
□「結婚も離婚も経験して、いまは友達とシェアハウスに住んでいる」
□「普通の会社員だけど、趣味で絵を描いていて、SNSにファンが何百人もいる」
□「夫が主夫として家のことをしてくれるから、自分が稼ぎ頭で働いている」

これだけ見ても、同じ50代なのに、まったく違うライフスタイルで生きている女性がいるということがおわかりいただけますよね。

昔では考えられなかったような生き方が、一般的なライフスタイルの一つとして認められている。この多様性こそが、「風の時代」と呼ばれる、いまの時代の特徴です。

西洋占星術の世界では、2020年末頃に、この世を構成するエレメントに変化が起こり、

「風の時代」が到来したと、多くの占星術師が宣言しています。これまで約200年間続いた「地の時代」が終わりを迎え、新たに「風の時代」がやってきたのです。

「風の時代」では、主に知識や人とのつながり、コミュニケーションなどの、「目に見えない存在」が意味を持つようになるといわれています。そこでは、これまでの基準に囚われない柔軟な思考力や、〝個〟としての自由、多様性が尊重され、個人のやりたいことが重要になっていきます。

いまの時代だからこそ、自分だけの輝くライフスタイルで生きることが求められているのです。時代の流れに乗って、軽やかに生きていくためにも、ライフスタイルのタネとなるシナリオをつくっていきましょう。

◆ありえない、なんてことはありえない

SNSで同年代の人とつながりを得ようと決めたら、次に、どうすればつながりが得られるのかを見ていきます。

もっとも手軽なのが、自分もＳＮＳを始めてみるという方法です。ＳＮＳは、特定の個人に向けて発信するだけでなく、広く全体に向かって呼びかけることもできます。

「50代女性でお茶会しませんか？」

「いまの50代のライフスタイルについて、一緒に考えてみませんか？」

など、全体に向かって発信してみるだけでいいのです。

その先に広がっているシナリオは無限です。

もしかしたら「じゃあ、ちょっとメンバー集めてみましょうか」と反応があって、話が進んでいく、ということもあるでしょう。

あるいは、反応をくれた女性とチャットを通じて仲良くなり、「こんど、お茶でもしましょうか」となって、深く話せる機会があるかもしれません。ＳＮＳのつながりをきっかけに、生涯つき合える仲のいい友達ができる、ということもあります。

「発信」というアクションを起こすだけで、こんなにも未来の可能性は広がっていきます。

「そんなこと、起こるはずがない」

ＳＮＳにあまり触れたことがないと、とっさに、そんな自分の声が聞こえる方もいるかもしれません。しかし、「できない」ビジョンを妄想する必要はないのです。イメージの世界では、どんな可能性も、自分が望むままに叶《かな》っていきます。

「でも頭のなかで考えるだけじゃ、実現できない」

たしかに、イメージするだけでは、望んでいるライフスタイルは実現できません。

しかし、イメージの世界では、妄想と現実の境界がないのです。妄想でも「楽しい！」と感じることがあれば、それはイメージの世界で現実になっていきます。

そして、一度「楽しい」と感じたことは、現実でも挑戦してみたくなるもの。

実際にアクションを起こせば、あなたが望むライフスタイルを実現できる可能性は、ぐっと高まっていきます。

まずは妄想でいいので、やりたいことが実現したときに、どんな気持ちになるのかを味わってみてほしいのです。あなたが「起こるはずがない」と思うようなことは、じつは、現実世界でたくさん起こっています。

実際に、ＳＮＳで知り合った女性と仲良くなって、10年以上つき合っている友人がいるという方も、いまでは珍しくありません。なかには、SNSで出会って交際に発展し、結婚したカップルもいます。

あなたが「自分だけの妄想」と思っている世界は、現実でつくり上げることができるのです。

あなたのなかには、その力がたしかにあります。

それに、妄想のように自由な時代が、もう目の前にやってきているのです。

いまの時代だからこそ、あなたがこれからの人生で、本当に叶えてあげたいことは何ですか？

◆真の望みを探しにいく

妄想して、体験したときの感覚を味わってみてください。「ワクワクする！」と強く感じるものがあれば、積極的に、現実の自分に与えてみましょう。

体験することで、心と体にいい刺激が与えられます。意識も拡張して、これまで自分が知らなかった世界を知れたり、新しいギフトを受けとれたりする人もいます。

なかには「自分にはこんなことができる！」と勇気が湧いてきて、どんどん次のやりたいことに挑戦できるようになっていく人もいるかもしれません。

体験を繰り返すことで、あなたの望むライフスタイルは、よりはっきりと見えていきます。

「毎日忙しくて、新しいことに挑戦する余裕がない」

そういう方は、「長期休暇」をやりたいことにしてもいいのです。

□「自分に与えてあげたら、どんないいことがあるか」
□「どんなことをしたいか」
□「何日くらいお休みがほしいか」

大切なのは、自分がどんなシナリオを選んだらワクワクするのか、気づいてあげることです。

そして、ワクワクを感じたら、実際に自分へ与えてみてください。

いまの時代だからこそ、選べる世界は無限にあります。自分がワクワクする世界を選びとっていけば、自然とそれが、50代の輝くライフスタイルへとつながっていきますよ。

いままで大切にしてきたこと、これから大切にしたいこと

輝くライフスタイルを手にしていくには、

「これから、どんな人と関わっていくのか」

という視点も大切です。

新しい人や、コミュニティと積極的に出会ってみることで、新たなライフスタイルの形が見えるようになっていきます。

たとえば、これまで子育てに専念してきたお母さんのなかには、地域のママ友達とのつながりを何よりも大切にしてきた、という方もいるでしょう。

一緒に映画を見に行くほど、仲のいいママ友たちに出会えたという方もいれば、子どものため、多少無理をしてでもつき合ってきたという方もいるはず。

でも、これからの人生では、無理してつき合い続ける必要はないのです。

つき合う人や環境、これから大切にしたいものは、あなたが決められます。

いまはインターネットを利用して、同じ趣味を持つ仲間をたくさん見つけられます。サークルのように、コミュニティを開いて、実際の交流会を設けている方たちもいるでしょう。

そういったところに、積極的に参加してみてください。

そこには、10代の若者から、自分より年上の世代まで、幅広い世代の方がいます。世代が違えば、自分にはない価値観や、異なる人生観を持っている人もたくさんいるはず。年齢関係なく、自分では体験したことがないような生き方をしている人や、自分にはないギフトを持っている人もいることでしょう。

そんな、バラエティーに富んだ人々と関わることで、「新たな自分」や、自分のなかにある「新たな可能性」がどんどん開いていきます。

◆いまある関係を見直してみよう

「もともとの関係性は保っていたらダメなの?」

このような話を聞くと、断捨離を思い出す方がいるかもしれません。

しかし、そのつき合いが今のあなたにとって大切なものなら、捨てる必要はありません。「どちらの人ともつき合い続ける」というのも、一つの選択です。

それに、反対をいえば、趣味の人とだけ関わっていたら、ママ友達とのつながりで得られたギフトは、受けとれなかったかもしれないのです。

どちらが良い、悪いということではなく、さまざまな人たちと出会って、話してみる、という体験が大切です。

出会いを繰り返していくと、〈知らないギフト〉を持つ自分に出会えることがあります。

人によってギフトの内容は違いますが、たとえば「自分では気づけなかった才能」や、じつは自分にとってすごく重要で、「譲《ゆず》れないこだわり」ということもあるでしょう。

それらのギフトを感じたら、「自分には、まだこんな知らない自分がいたんだ！」と気づいてあげてください。まだ見ぬ自分を知ることで、これから自分が大切にしたいものや、ここだけは外せないというポイントも見えていきます。

自分だけのこだわりを知れば、輝くライフスタイルまで、もうすぐ！

自分がワクワクする生活も、わかるようになっていきますよ。

◆自分に知ったかぶりをしないこと

「もう50代なんだし、いまさら自分の知らないことなんてない」

「自分の好きなことも、苦手なことも全部よくわかってる」

新しい人との出会いに億劫《おっくう》さや、抵抗感を抱いている人は、どこかで、このような考え方を持ってしまいがちです。

そう考えてしまうのは、これまで自分をよく見つめてきた証。棚卸しをしっかり行えた証拠でもあります。たしかに、自分を見つめるのは、自己理解を深めるために大切なことです。しかし、「すべてをわかっている」と思いこんでしまうのは、間違っています。

「自分では話し下手《べた》だと思っていたけど、まわりに聞いてみたら、じつはよく話を聞いてくれる聞き上手だと思われていた」というようなことは、案外、たくさんあるのです。

大切なのは、自分自身に対して知ったかぶりをしないこと。

知ったかぶりをしていると、新しい自分に出会える可能性も、これから見つかるかもしれないライフスタイルの可能性も閉じていってしまいます。

いま50代のあなたには、まだ隠された「知らない自分」がたくさんいます。彼ら・彼女らに出会うために、いろいろな人と出会い、多様なライフスタイルを体験してみてください。

どれを選んでいくのかは、体験したあとで決めても遅くありません。


「自分にフィットして心地がいいな」「これをしていると楽しいな」と感じる関係性やライフスタイルがあれば、それを選んでいけばいいのです。


そのためには、少しずついろいろなものを試してみて、「合う・合わない」という自分の声を聴いてあげるのも大切です。

もしかすると、人によっては、「合わない」という声ばかり聴こえることもあるかもしれませんが、落ちこむ必要はありません。

大切なのは、体験して、自分に刺激を与えてあげることです。

「あの人はそういうふうに考えるんだ」

「その発想は自分にはなかったな」

その発見は、人に出会うという挑戦をしたからこそ得られたもの。

挑戦できた時点で、あなたは「新たな自分」に出会うために歩き出しています。合わないと感じても、挑戦した自分を褒めてあげてください。

一度、歩き始めてしまえば、自然と新しい自分も見つかっていきます。

それに、まったく違う価値観の人と出会うほど、いままで当たり前すぎて気づかなかった自分の価値観や大切な〈ギフト〉もはっきりと見えていくもの。

これから大切にしたいものに気づければ、ワクワクするライフスタイルも自然と見つかっていきます。変化をおそれず、さまざまな人と出会ってみてください。

そして、「楽しそう」と感じるライフスタイルを体験してみてください。

その先に、あなただけのライフスタイルはあるはずです。

人生を変えていく一歩

「やってみよう」という気持ちが生まれたら、ほんの一歩踏み出すだけで、あなたの人生は変わっていきます。

大股で、一段飛ばしに駆けていく一歩。
つま先をちょっと前に出してみた一歩。
どんな一歩でも、挑戦してみる気持ちが大切です。

たとえばそれは、前々から気になっていたお洋服屋さんに入ってみて、洋服を試着してみる、というのでもいいのです。

ハイブランドやジュエリーに憧れているのなら、実際にお店に行ってみましょう。試着して、キラキラしたエネルギーを自分のなかにチャージしていきます。そうして、そのアイテムを身につけた自分が、どんな気持ちになるのかを味わってみてください。

私の場合、若い人向けのお洋服屋さんに行って、かわいいドレスを試着したりしています。

中学生の女の子が着るようなガーリーなドレスでも、着てみると、「なんてかわいいんだろう！」と感じる自分がいて、お洋服にフィットする「キラキラした私」がいるのがわかるのです。

◆ワクワクする気持ちが人生を変える

人生を変えていく一歩とは、案外、そんな身近なところから始まります。

いまの時代は、お金をかけずに手に入れられる体験もたくさんあるので、自分が踏みだせそうなところから体験してみるのもいいかもしれません。

「でも、試着ってなんだか気まずい」

「着たら買わなきゃいけない気がする」

その場合は、「いまの私は、この地球王国のクイーンだ！」と言葉にして、クイーンになりきっていきます。クイーンであるあなたには、実際に見て、触れて、試してみることが許されています。そのサービスをありがたく受けとって、全身の感覚で、身につけたアイテムから感じられるものを味わってみましょう。

自分の感覚を大切にしていると、感じ取る力がどんどん強まっていき、次第に「どんなライフスタイルが自分にフィットして、心地いいのか」ということが、わかるようになっていきます。

かわいいお洋服を着るライフスタイルなのか、ハイブランドを着るライフスタイルなのか、ジュエリーをたくさん身につけるライフスタイルなのか、感じ取れるものは人それぞれです。人によっては、「水泳教室にいる自分がフィットする」「家でパズルに没頭しているときが心地いい」という方もいるでしょう。自分の感覚を開いて、素直に選びとることができれば、輝くライフスタイルもその先にあるはずです。

◆自分を縛っているのは自分

一方で「一歩踏み出そうとすると、体が重く感じる」「挑戦したほうがいいとわかっていても、なかなか行動ができない」と感じる方もいるかもしれません。

そこには、もしかすると、

□「買うと決めたものしか試着しちゃいけない」
□「ハイブランドのお店に行くなら、なにか買わなきゃ失礼」
□「習い事を始めるなら、最低でも半年～1年はやらないと……」
□「50代で趣味を始めるなら、まず道具からしっかり揃えないと……」

というような意識があるのかも。

このような方たちは、何事にも真剣なのです。

「律儀」「まじめ」という言葉を受けとることが多い方や、「やるからにはしっかり技術・知識を身につけたい」という完璧主義的な考えを持っている方も、ここに当てはまるかもしれません。

真剣なのはいいことです。

これまでの人生で、

「まじめで頼りがいがある」

「律儀で助かるよ」

「いつも真剣でいいね」

など、褒《ほ》められた経験もたくさんあるのではないでしょうか。

しかし、これから踏み出そうとしている一歩については、少しだけ、その真剣さを緩めてあげてほしいのです。

「行ったら買わなくてはならない」

「始めたら続けなくてはならない」

「やるからには真剣にならなくてはならない」

誰も、そんなことは言っていません。「〇〇しなければならない」「すぐにやめるのは悪」と律して、歩みを重くしているのは、自分自身なのです。

人には「合う・合わない」があります。「3回来たけど、やっぱりピンと来ない」と感じたら、そこから去ってみてもいいのです。自分がワクワクしないのに、無理して拷問のように続けていると、かえって自分が困ってしまいます。

「つまらない」というネガティブなエネルギーが自分のなかに溜まってしまい、自分に悪影響を与えてしまうこともあるでしょう。

合わないと感じたら、悪い気持ちを払い、立ち去っていきます。

大切なのは、感謝の気持ちと軽やかな気持ちを持つことです。

立ち去ると決めたら、出会ったご縁や自分を導いてくれたもの、短いなかで得られた体験に感謝をして「ありがとう」と声に出します。

それから、自分のなかにある邪気を祓うイメージをして、「合わなかった。さ、次に行こう」と口にします。その後は、軽やかな気持ちで立ち去りましょう。

ピンとこなかったということは、いまの自分には必要ない、フィットしないということです。そのことがわかったら、次に進んで大丈夫。どんなに小さな一歩でも、進んでいくうちに、あなたにフィットするものが見つかります。それに出会ったとき、あなたの人生は大きく変化していくのです。

章の終わりに
新しいワクワクと出会う

あなたが心からワクワクするライフスタイルは見つかりましたか？

好きなことというのは、体験した瞬間に、「またやりたい！」という心の声が聴こえるもの。

それはある種、もっとも純粋な自分の願いともいえます。

そのため、体も無意識のうちにその声に従って、気づいたら何年も続けていた、輝くライフスタイルになっていた、ということも珍しくありません。

新しい自分で生きるには、自分の心の声や感覚が教えてくれるものに素直になって、全身で感じてあげるのが大切です。

社会的な50代のイメージの世界を生きる時代は終わりました。

これからの時代は、誰もが、自分だけの世界をつくり上げて生きていけます。

これからの人生を楽しく、輝いて生きるために、自分の体も、いまの時代も、この社会も、最大限に利用してみてください。

2章のふり返り質問

□「あなたは、何をしているとワクワクしますか？」

□「やってみたいことはありますか？」

□「体験してみたいライフスタイルはどんなものですか？」

□「これから、どんな人と関わっていきたいですか？」

□「どんな状態がフィットしていると感じますか？」

第3章

スピリチュアルで満たされる

目に見えない存在に守られている

私たちは、常に〈目に見えない存在〉に見守られて生きています。

すでにその存在に気づいていて、つながったことがあるという方もいれば、まだ一度もつながれたことがない、という方もいるでしょう。

〈目に見えない存在〉とは、その名前の通り、目に見えない存在のことです。

- 自分のご先祖さま
- 西洋の神
- 天使
- 八百万の神
- ハイヤーセルフ（崇高な自分）
- 自然霊や自然界のエネルギー

・宇宙存在

このほかにも、〈目に見えない存在〉は無数に存在しています。そうして、常に私たちを見守り、「やりたいこと」を応援してくれているのです。

まずは、彼らの存在に気づいてあげること。それだけで、あなたの本当に望む人生は叶っていきます。より、〈目に見えない存在〉を感じたいと思ったら、まずは自分のご先祖さまのことを考えてみましょう。

ご先祖さまは、自分たちの子孫が繁栄し、幸せであることを本当に願っています。

そして、子孫が幸せになるために、たくさん貢献してくれているのです。

たとえば、自分にも子孫がいることをイメージしてみてください。

実際に、もう子どもや孫がいて、子孫がいるという方もいるでしょう。

もしくは、自分の兄弟姉妹やいとこ、はとこに子どもがいる場合。

いまはいないけれど、これから先の50年で、子孫が誕生する場合。

その子たちからしたら、まわりにいる大人は皆、自分のご先祖さまなのです。

そして、多くの大人たちは、子どもの幸せを何よりも願っています。

ご先祖さまも、いま生きている大人たちと同じ。

目には見えないけれど、子孫の幸せを願っています。

そして、数々のご先祖さまからすれば、自分という存在も子孫の一人なのです。

◆あなたの幸せをご先祖さまは願っている

私たちは常に、ものすごい数のご先祖さまに見守られて生きています。

それはまるで、お天道さまが私たちを照らしているのと同じように、どこへ行っても自分を見守ってくれているのです。特に、おじいちゃんやおばあちゃんが生きているときに、よく交流をしていた方は、その存在を強く感じることがあるでしょう。人によっては、お墓参りや仏壇にお祈りをするときに、つながっている感覚を得られることもあるかもしれません。

私の場合、祖母に育てられたため、いまでもその存在を強く感じています。

もう亡くなっていますが、常にあたたかい目線で私を見守ってくれていて、ふとしたときに、

「大事に思ってくれている」、「愛されている」と感じるのです。

このように、自分のご先祖さまというのは、優しいまなざしで、

「よかったね、生きていて」

「生きていてくれるだけで、ありがたいな」

「ますます、幸せになろうね」

といった応援のメッセージを、自分の感覚を通じて送ってくれています。

このような声を受けとったことがない、まだご先祖さまとつながったことがないという方は、次の方法でつながりを感じてみましょう。

1 **自分のリラックスできる場所に座る ※仏壇があるなら、仏壇の前でもOK**

2 **目を閉じる**

3 **「目に見えないご先祖さまとつながらせてください」と唱える**

あたたかい気持ちが湧きあがってきたら、それは、ご先祖さまとつながれたというサイン。

人によっては、別の感覚を通じて、つながることもあるかもしれません。

大切なのは、リラックスできる時間をつくり、感じることです。

一度、〈目に見えない存在〉を感じられたら、彼らが発信しているメッセージを次々と受けとることができるようになります。

◆〈目に見えない存在〉に会いにいく

また、ご先祖さま以外の〈目に見えない存在〉とつながってみたいと思ったら、「つながりたい」と強く願うだけで実現できます。

どれとつながるのがよい、という正解はありません。

あなたが望めば、自分が心地よいと感じる存在とのみ、つながり続けることも可能です。

では、どのようにして彼らの存在を感じればいいのでしょうか。

大切なのは、実際にその場所を訪れてみるということです。

もしあなたが日本にいるのなら、神社や仏閣を訪れてみるのもいいでしょう。

東京の場合、明治神宮などを訪れてみると、境内を歩くだけでも、汚れや悪い気が祓われていくような体験をすることがあります。これは神社にいる〈目に見えない存在〉があなたを見て、ネガティブなものを祓って、守ってくれているということ。

また、八百万の神とつながってみたいと思ったら、神社に行って、主祭神の名前を呼んでみるのも一つの方法です。

私も時折、三重県にある伊勢神宮を訪れることがあります。

伊勢神宮は、主祭神として天照大御神《あまてらすおおみかみ》を祀っている由緒ある神社。2000年以上、たくさんの祈りが捧げられてきた場所でもあり、ほかにもたくさんの神様がいらっしゃいます。

私がそこで行うのは、「天照大御神」と名前を呼んで、神様の周波数を感じてみること。すると、「目には見えないけれど、そこにいる天照大御神が私を見守ってくれている」と感じることができるのです。

人によっては、「天照大御神が自分を太陽のように照らしてくれている」「応援してくれている」と感じることもあるかもしれません。また、自然霊のエネルギーを感じてみたいと思ったら、森や川辺など、自然のなかに行ってみてください。

そこに木があるとしたら、触れてみるだけで、木が放っているエネルギーを感じられます。

木を通じて自然霊とつながっていくと、反対に、自然霊が自分の内面を写してくれて「もうゆっくりしな」など、自分のなかにある本当の思いを伝えてくれたりするのです。

そのため、自然を通じて自然霊のエネルギーを受けとったあとは、ほっこりとあたたかい気持ちになったり、心地いい、優しい気持ちになったりします。

このように、〈目に見えない存在〉は交流を通じて、私たちを気にかけ、応援してくれていたり、ネガティブなものから守ってくれていたりするのです。

〈目に見えない存在〉はどこにでもいると気づくことが大切です。

そして、彼らを感じるのを自分に許可してあげることです。さまざまな〈目に見えない存在〉との交流のなかで、あなたが一番心地がよいと感じるのはどんなことですか？

つながる存在に正解はありません。自分が心地よい〈目に見えない存在〉と交流を続けてみてください。そうすると、自分を大切にしながら、本当に望んでいる人生を歩んでいくことができます。

ここまで導かれてきた力

じつは、私たちは、これまでも〈目に見えない存在〉に導かれてきました。

この人生のなかで、気づかないうちに、彼らは何度も私たちを助けてくれていたのです。

進学先や就職先を決めたり、転職をしたりするときに「ここだ！」という気持ちが湧きあがってきて、思い切った決断ができたという方は、案外、多いのではないでしょうか。

人によっては、「こっちに行きなさい！」「こっちがいいかも！」というような、自分の〈内なる声〉を聴いたことがある方もいるかもしれません。

じつは、その気持ちや声こそが、〈目に見えない存在〉たちの導きによるもの。

彼らは、感覚や〈内なる声〉を通じて私たちを導き、「やりたいこと」を叶える手助けをしてくれています。

顔を上げて、まわりを見渡してみてください。

端的に言えば、いま、この本を読んでいるあなたのまわりにも、「うんうん」と見守っている

〈目に見えない存在〉はたくさんいます。

人によってそれは、ご先祖さまであったり、西洋の神であったり、八百万の神であったり、自然霊であったりします。

もしかすると、いまお話ししたもの以外の〈目に見えない存在〉に見守られている、という方もいるでしょう。

彼らは常に、私たちの声に耳を傾けています。

ですから、友達とカフェでお話をしているときでも、じつは〈目に見えない存在〉は一緒に話を聴いてくれているのです。

「○○みたいな感じで、こういうことがしたいんです」

「△△が必要なんです」

「□□が欲しいんです」

直接〈目に見えない存在〉にお話をしていなかったとしても、彼らは「ふんふん」とそれを聴いていて、私たちがそれらを手にしていくプロセスを、黙って手伝ってくれます。

そして、必要なときに、〈内なる声〉を通じて私たちを導いてくれるのです。

◆直感を開く方法

「そんなこと本当にあるの？」

「なぜ私には聴こえないの？」

まだ〈内なる声〉を聴いたことがない方や、導かれた経験が少ない方は、不信感を抱《いだ》いてしまうかもしれません。

しかし、そんな方こそ、眠っている「直感」を開くのが大切です。

ここでの直感というのは、「目に見えない世界からのメッセージをキャッチする力」のこと。

五感以上の超視覚や超聴覚などの認知力も直感に含まれます。

直感を開くために大切なのは、この世界には「目に見えない存在がいる」ということを仮定し、会えたと心から受け入れてみることです。

うまくいかない場合は、会えた、と想像してみてください。

実験だと思って、まずは〈目に見えない存在〉を認めてみましょう。

受け入れる準備ができたら、〈目に見えない存在〉とつながっていきます。

特別、道具などは必要ありません。

一人だけの時間をつくり、リラックスしてやってみてください。

1 曼荼羅《まんだら》の中心に自分がいるのをイメージする
2 「これまでの人生も、これからの人生も、私をずっと守り続けてくれる方々に出会い、感謝します。そして私と、今ここでつながってください」と唱える
3 自分のまわりに、ご先祖さまも含め、天使や日本の神々、西洋の神々が存在しているのを感じてみる

手のひらが熱くなったり、体にあたたかさを感じたり、自分以外のものとつながっている感覚を得られたりしたら、成功です。

導きを得るために、あなたの望みを声に出してみましょう。

〈目に見えない存在〉があなたの望みを聴いて、導いてくれるとしたら？

あなたは、何を望みますか？

たとえば、「シンガーソングライターになって、これからライブをします」という大きな夢でもOK。そういう望みがあるのなら、口に出して、〈目に見えない存在〉たちに聴いてもらいましょう。

一人で口にするのが難しいと感じたら、友達に「やってみたいんだよね」と話してみるのでも問題ありません。

〈目に見えない存在〉はどこにでもいますから、声に出していれば「それがやりたいんだね、やってみようね」と応援してくれるようになります。

もし、いくつも望みがあるのなら、すべて言葉にして、「やりたい！」と伝えていきましょう。

〈目に見えない存在〉は多才で寛容ですから、私たちの望みをすべて受けとって、「いいと思うよ！」と応援してくれます。

「欲張りすぎたらうまくいかないかも……」

「バチが当たりそう」

そんなふうに考える必要はありません。

望みはいくつあってもいいのです。反対に考えれば、自分の望みを伝えるということは、幸せを願う〈目に見えない存在〉の望みを実現するということでもあります。

望みが生まれたら、どんどん言葉にしていきましょう。

◆自分を導く声に従うこと

「あれがやりたいんだ、頼んだよ」

〈目に見えない存在〉たちにお願いをしたら、続けて、次のような問いかけをしていきます。

「自分が今、できることは何だろう?」

すると、〈目に見えない存在〉は〈内なる声〉を通じて、望みを叶えるためにやるべきことを教えてくれます。

「こういう人に声をかけてみよう」

「あそこへ行ってみよう」

そんな声が聞こえる方もいるかもしれません。

大切なのは、導いてくれる声に従って、行動を起こしてみること。このプロセスこそが、〈目に見えない存在〉に望みを叶えてもらうために、もっとも重要です。

なぜなら、「目に見えない世界」と「現実を物質化している私たち」は本来、循環しているものだからです。

一度の導きで、突然望んでいた人生が叶うということは、あまりありません。導きによって少しずつ望みに近づき、気づいたときには叶っていた、というケースのほうがよっぽど多いのです。

ですから、望んだ人生を叶えるためには、次のような循環のプロセスが大切になります。

1 〈目に見えない存在〉にお願いをして、導きを得る

2 現実の私たちも行動をする

3 最高の現実創造に向かって、再び彼らの導きを感じてみる

このプロセスを繰り返していけば、おのずと、自分が心から望んだ人生に近づいていきます。

いま、うまくいかないと思っていることも、じつは、望んだ人生を実現するために必要なプロセスだった、ということもあります。

ですから、いますぐにうまくいかなくても、あきらめないでほしいのです。

「いまはまだ、導かれている途中」と考えて、〈目に見えない存在〉からのメッセージをどんどん受けとっていきましょう。

〈目に見えない存在〉は、あなたの味方です。

彼らを受け入れ、夢の兆しに敏感になることで、望んだ人生は、より現実に近づいていきます。

「いま、こういうことを教えてくれたのかも」

ぜひ、日々の生活に目を向け、彼らのささやかな兆しを見つけてみてください。

自分から積極的に関わっていけば、〈目に見えない存在〉とのつながりも深まり、導きを受けとる力も増していきますよ。

人生にあきらめることは必要か？

「いくつになっても、人生をあきらめる必要はない」

結論から言えば、私はそう考えています。

とはいえ、これまでの人生で、自分の夢や本当にやりたかったことをあきらめてきた方も、少なくないでしょう。

□「子どもの頃、そういう環境がなかった」
□「いまの生活を維持するために、あきらめるしかなかった」
□「子育てを優先した生活をしていて、気づけば、この歳になっていた」
□「家族のためには、自分が我慢するしかなかった」

さまざまな理由で、「やりたいこと」をあきらめなければいけなかったタイミングが、誰にでもあるはずです。

しかし、繰り返しお伝えしているように、これから先の50年では、やりたいことや、生きたい生き方を選んでいくことができます。

当時はあきらめざるを得なかったことも、この先の50年間もあきらめ続ける必要はないのです。

大切なのは、何度も問いかけを繰り返すことです。

◆問いかけで成功をつかむ

問いかけが、どのように成功へ導いてくれたのか。

ここでは、私がビジネスの現場で体験した成功談をお伝えしていきますね。

それは、まだ私が30歳だった頃です。

すでに問いかけの習慣を身につけていた私は、ビジネスにおいても、自分に問いかけをしながらコミュニケーションを取っていました。

当時の私は、一流の企業の人材育成コンサルタントをしていて、クライアントのもとへ挨拶に行ってニーズを聞き出したり、プレゼンをしたりするのが仕事でした。

人材育成コンサルタントには競合がたくさんいますから、複数のコンサルタントの対応やプレゼンを比較した上で契約をするというのが一般的な流れです。

しかし、私の場合は、クライアントとの最初の打ち合わせの時点で「もう君に任せるよ」と契約を結んでもらえることが多かったのです。

それはやはり、自分に深く問いかけながらコミュニケーションを取っていたのが大きな理由でした。自分に問いかけている内容が、相手を深く理解するために必要な内容とつながっていたのです。

たとえば、打ち合わせで、

「御社のこれは、こういうことですよね？」

「私はこういうふうに今、お話を聞いて感じたんですけど、どうですか？」

と確認を進めていくだけでも、相手のことを思い、どれだけ理解しているかによって、質問の質は大きく異なります。

どんな会社でも、

「この人は、うちのことをわかってくれている」

という人と契約したいものです。

そこに、核心をついた質問をするコンサルタントが現れれば、一緒に仕事しようと即決する人がいても不思議ではありません。

それで私の場合は、最初の打ち合わせで「わかってくれている」と評価してもらえることが多く、契約へつながっていったのです。

このように、自分自身への問いかけは、結果として、自分のまわりの人を深く理解することにもつながっていきます。

また、ある企業では、ほんの一時間ほどの打ち合わせで「わが社の教祖になってください」なんて言われたこともあります。

このとき私は、その企業について、そこまで詳しく知りませんでした。

しかし、その企業の文化や空気感、担当者を通じて感じるものを拾いあげて、問いかけをしながら進めることで、深くつながることができたのです。

◆潜在意識の世界で望みは叶う

問いかけを続ければ、〈目に見えない存在〉や〈ハイヤーセルフ〉だけではなくて、現実世界に存在する人ともつながっていけるようになります。

現実世界の人とつながり始めたら、あなたが本当に望んだ人生まで、もうすぐ。なぜなら、この世界にいる私たちの潜在意識というのは、見えないところでつながっているからです。

「こういう人に出会いたい」

「あんな人と一緒に仕事がしてみたい」

「ずっとやりたかったことに挑戦したい」

そういう意識を持っているだけで、潜在意識の世界では「○○な人」と検索が働き、自然と挑戦できるチャンスや出会いのチャンスは広がっていきます。

まさに、現実にあるインターネットの世界と同じです。

インターネットの世界では、無数の情報のなかから、入力したキーワードに関連するものだけを引き寄せて、検索結果として表示しています。

私からすれば、インターネットの世界こそが、意識の世界を具現化したものと言っても過言ではありません。何かをあきらめる必要はないのです。

自分のやりたいことに意識を向け、問いかけをし、〈目に見えない存在〉たちの導きを受けて行動するだけで、自然と叶えたい望みに近づいていきます。

あなたは、たくさんの〈目に見えない存在〉に見守られています。

あなたが望むものを叶えようと、彼らは耳をすませています。

〈ハイヤーセルフ〉も、あなたに訪れるチャンスを教えてくれています。

あなたは多くのものに愛され、応援されているのです。

そのことに気づいたあなたは、いま、スピリチュアルに満たされています。

だからこそ、あなたがいま、本当に望んでいる人生はどんなものですか？

言葉に出して、たくさん発信していきましょう！

章の終わりに

フィットする生き方を見つける

「じゃあ、一人で生きる生き方は間違っているの？」

そんなことはありません。

これまでにも、自分ひとりで試行錯誤をして、やりたいことは実力で叶えていきたいという方がいるとしたら、その方は、才能と努力する力にあふれたすばらしい人です。

「自分だけの力で成し遂げるから意味がある！」と感じる方は、その才能と生き方を大切にしてあげてください。それがあなたの輝く生き方かもしれません。

大切なのは、自分には、どの生き方がフィットするかということです。

スピリチュアル的な生き方を実践するのも、自分の力のみで生きていく生き方をつらぬくのも、あなたが決められます。

あなたはこれから、どんなふうに生きていきたいですか？

3章のふり返り質問

□「あなたは、どんな〈目に見えない存在〉とつながりたいですか？」

□「心地よいと感じたつながりは何でしたか？」

□「これまで導かれたと感じたことはありますか？」

□「『調子のいい日』を体験したことはありますか？」

□「問いかけをしたことはありますか？」

□「人生であきらめてきたことはありますか？」

□「これから、どんなふうに生きていきたいですか？」

第4章

リアルで満たされる

幸せなのに、貯金はない？

「老後のために貯金をしないと」

「このままでは全然足りない」

「自分はこの先、大丈夫なんだろうか」

「いま、幸せな生活を送れていても、老後は困るに違いない」

50代を迎える方のなかには、どこかでこの先の人生に不安を抱《いだ》いている方もいるでしょう。

でもそれは、私たちが社会の流れによって刷りこまれてしまった、負《ふ》のイメージなのです。

テレビで「老後2000万円問題」が話題になって以来、その風潮は、さらに強くなったと私は感じています。

「老後2000万円問題」とは、2019年に日本の金融庁が発表した、老後必要になると予想される資産額のことです。

金融庁によると、高齢者人口の増加により、これから老後を迎える私たちは、30年間で約

2000万円もの資産が不足するそうです。

「2000万円なんて大金、用意できるはずがない！」

この問題がニュースで報道されたとき、多くの人がそう思い、これから先の人生に憂鬱な気持ちを抱いたのではないでしょうか。

将来に漠然とした不安を感じているのは、50代だけではありません。

不景気や物価の高騰など、さまざまな不況の波を見てきた若い世代にも、この不安は広がっています。

ですから、いま、「自分にとっての幸せとは何か」「やりたいことは何か」を知っていても、どこかで不安や焦りを感じ、未来に期待を持てない人が増えてきているのです。あなたが感じている漠然とした不安も、社会によって刷りこまれたものかも。

では、どうしたら、いま感じている幸せを保ちつつ、未来への不安も拭《ぬぐ》えるのでしょうか？

大切なのは、「あなたにとっての幸せ」を改めて、よく考えることです。

「自分にとっての幸せ」を知ることは、私がこの本を通して皆さんに伝えたい、大きなテーマの一つでもあります。

すでに「幸せ」を感じている人。

まだ「幸せ」を見つけられていない人。

どちらの方も、ここでは現実的な「お金」の問題と一緒に、あなただけの「幸せ」を確認していきましょう。

◆貯金は幸せにつながる？

あなたにとっての幸せとは、貯金をすることですか？

自分自身に問いかけてみてください。

「私は、多少は貯金がある状態が幸せ」

そのような心の声が聴こえた場合は、自分が幸せな状態になるために、次のように問いかけを続けていきます。


「じゃあ、具体的に、半年でどれぐらいの貯金があったら嬉しい？」

思い浮かべる金額は自由です。

「お金がある」と考えるだけで、ポジティブなエネルギーを受けとれる人もいるでしょう。その金額を持っている自分を想像して、幸せな気持ちになれたら、それは「貯金がある」状態が、あなたにとって幸せだということ。

現実にある幸せにしていくために、さらに踏みこんで考えてみましょう。

いま、思い浮かべた金額は、貯金できそうですか？

どうしたら実現できるでしょうか？

「お金」に関する問題を考える以上、収入や支出など、あなたの経済的な状況に目を向ける必要があります。

このようなお話をすると、

「やっぱり、いまある幸せを保ちつつ、簡単に貯金を増やす方法はないのか」

と、がっかりしてしまう方もいるかもしれません。

たしかに、あなたが「お金が欲しい」と望めば、収入を増やすことは可能です。

収入が増えれば、貯金にまわせるお金が増えて、いまの幸せも、貯金がある幸せも手に入れることができるでしょう。

しかし、「お金が欲しい」と祈っているだけでは、実現する可能性も、わずかなものになってしまいます。

まずは現実を見つめ、行動することが大切です。

「自分は毎月、いまの幸せのためにお金を使っていたな」

「ちょっとずつ使うお金を減らせば、貯金できるかもしれない」

そう認めることができたら、次のステップへ進みましょう。

たとえば、半年で10万円の貯金があるのが「幸せ」の場合。

実際には、いくらずつ貯金すればいいでしょうか？

1か月あたり1万5000円を貯金すれば、6か月で9万円になります。

つまり、毎月の収入から1万5000円を貯金にまわせば、あなたは「幸せ」にかなり近づいていると言えます。

そのお金を「現実に存在する幸せ」だと思って、通帳やタンス、貯金箱など、あなたがワクワクするものの中に入れておきましょう。

そして、貯金をした自分に対して、

「ありがとう」

「1万5000円あるよ」

と声をかけ、認めてあげます。

繰り返していけば、「貯金をしよう」という意識がなくとも、お金は貯まっていきます。気づけば貯金がたくさんある状態になっていって、幸せな気持ちを味わうことができますよ。

もちろん、1万5000円の確保の仕方に正解はありません。

外食回数を減らしたり、洋服を購入する頻度を抑えたり、コンビニでごはんを買うのを控えたりと、さまざまな方法が考えられます。

外食へ行くのは、貯金より幸せですか？

その洋服を買うのは、貯金より幸せですか？

あなたにとっての「幸せ」と「お金」の捉《とら》え方を見直してみると、より幸せな状態に進んでいけるはずです。

◆節約しないでもお金は増えていく

「やっぱり、貯金をするには我慢が必要なの？」

ここまでのお話を通して、そう感じる方もいるかもしれません。

誰だって、幸せな状態を手放したくはないものです。

「いまある幸せを、どれも我慢したくない！」

「でも、貯金が欲しい！」

その場合は、もう一つの方法を試してみましょう。

それは、「収入を増やす」ということです。

一見、難しそうに感じるかもしれませんが、案外、収入を増やす方法はたくさんあります。

それには才能の棚卸しを行うことです。

あなたの持っている才能のなかで、お金に変えられるものは何ですか？

自分のスキル・技能にフォーカスを当てて、見つめなおしていきましょう。

そして、自分だけの「才能リスト」をつくってみてください。

- □ 片づけ
- □ 掃除
- □ 料理のつくり置き
- □ 手紙や大事な文書の代筆
- □ 洋服の修繕
- □ パソコンの入力作業
- □ 子どもと一緒に遊ぶこと
- □ 一日中、動きまわれる体力

「自分が得意なことは、お金にはならない」

「才能」という言葉を聞くと、多くの人は、そのように考えがちです。

しかし、そんなことはありません。

誰かが「価値がある」と認めてくれれば、それはお金に変換できます。

「自分には才能がない」と感じたら、次のような問いかけを自分にしてみてください。

「あなたが大切にしているこだわりは何ですか？」

「自分ではすんなりとできて、まわりに喜んでもらえることは何ですか？」

「自分ができることで、まだやっていないけど、今後、社会に貢献したいことは何ですか？」

これらの答えは、すべてあなたが持っている才能です。

それらを活かしてできる仕事は、必ずあります。

特に、いまの時代は、企業が個人に仕事を出すアウトソーシングが主流。

自分が得意なことを活かして副業をしている方も、増えてきています。

むしろ、一つの職業だけで経済をまわしている方のほうが、少なくなってきている時代なのです。

キーワードは「幸せの変換」です。

あなたは何を変換して、「幸せ」を手に入れますか？

「私は貯金こそ幸せ」

その場合は、「支出」を「貯金」に変換することで、幸せへつながっていきます。

あるいは、「才能」を「収入」に変換することで、お金という幸せを手に入れることもできるでしょう。

「幸せ」には、正解がありません。

自分が一番心地よく、ワクワクする方法を選択していくことが「幸せ」につながっていきます。

特に、新しい価値観が社会に浸透し始めた今の時代は、自分だけの「幸せ」をつかみとるチャンスでもあります。

あなたは平凡ではありません。まずは、そのことに気づくことから始めましょう。

「お金」についての価値を考えてみる

あなたにとっての「お金」とは、どんなものでしょうか。

「お金とは、それ自体が人生を幸せにしてくれるものだ」

「お金とは、必要な物を買うなど、人生の幸せのために使うものだ」

多くの人が、このどちらかの考え方を持っているのではないかと思います。

前者は、「お金がある」ことが幸せという状態です。

「お金を持っている自分がある」ことで幸せを感じられるため、通帳の預金残高がたくさんある状態に満足感を得たり、収入が増えることに、何よりも喜びを感じられたりする人が多いでしょう。

「そうかもしれない」と感じたら、お金をたくさん持っている自分を、イメージの世界で描いてみてください。ワクワクしたり、幸せな気持ちを感じたりしたら、貯金や副業などに挑戦してみると、さらに幸せな生き方を見つけられるかもしれません。

一方、後者は、「お金を使って」幸せを得るという状態です。

「お金があるからといって、必ずしも幸せになれるわけではない」という考えを持っている方が多く、お金と引き換えに得られる「物」や「体験」などを重視している方も多いかもしれません。

◆お金以上に価値のあるもの

どちらの考え方を持っていても、ここで一度考えてみてほしいのは、

「お金以上に、あなたがすごく価値があると感じるものは何ですか？」

ということです。

「お金以上に価値があるものなんてない！」

そのような方も、ある種の実験だと思って、自分に問いかけてみてくださいね。

私の場合は、人と人との絆《きずな》でした。

たとえば、「晩ごはんを一緒に食べよ」と誘ってくれて、ご馳走してくれる友達がいること。

お家に泊めてくれる友達がいること。

それは、私にとって、お金以上に価値のある存在です。

人によっては、家族であったり、深い思い出のある品であったり、体験であったりするかもしれません。

また、客観的に見れば、自分という存在も、お金以上に価値のあるものです。

私たち一人ひとりには、存在価値があります。

そこに存在しているだけで、ものすごく、まわりの役に立っているのです。

仲がいい友達やパートナーなど、気心を許した相手と一緒にいると、なんとなく落ち着いた気持ちになったり、元気になったりした経験がありませんか？

それは、その友達やパートナーが、あなたにエネルギーを分けてくれるから。

同じように、あなたも無意識のうちに、まわりにエネルギーを分け与えているのです。

さらに、人との絆があれば、友達と一緒に映画を観て意見交換をしたり、なにか悩み事があったときに知恵を出し合ったりすることができます。それによって、自分にはなかった「知恵」や「新たな発想」「発見」という富を手に入れることもできるでしょう。

富があるというのは、豊かで幸せなことです。

そして、この富は、お金以上に価値があるものだと、私は考えています。

◆お金への執着心を解き放つ

もしかすると、「お金こそ価値があるもの」と考えている方のなかには、過去の体験から、必要以上にお金に執着してしまっている人もいるのかもしれません。

また、将来への不安感から、お金を貯めることに一生懸命になってしまって、自分の輝く生き方をできていないという方もいるでしょう。

でも、焦る気持ちを一旦落ち着かせて、考えてみてほしいのです。

あなたの老後は、いつからですか？

人生１００年時代において、50代はまだまだ半分です。

60代も、まだ働ける世代――つまり、収入がある世代です。

最近では、70歳まで働ける会社も増えてきています。

そうすると、最低でも、あと20年間は収入があるということです。

そう考えてみると、お金というのは、案外、執着しすぎる必要はないのかもしれません。

それよりも、まだ若い50代のうちに、自分が価値を感じるものにお金を使ったほうが、結果として、お金以上のものを手に入れられることもあるでしょう。

「お金は大切！」

「老後のために貯金をしなきゃ」

お金について考えたとき、このような気持ちを強く感じる方は、一度、お金という概念を別のものにシフトしてみてください。


あなたが、お金以上に価値を感じるものは何ですか？


落ち着いて、深く自分に問いかけてみましょう。

あなたの「お金」に対する捉え方に変化が訪れるかもしれません。

あなたの欲しいものは、いくらで買えますか？

「あなたが、人生において、本当に欲しいものを教えてください」

そう聞かれると、ふだんから欲しいものがたくさんある人でも、考えこんでしまいがちです。

ふとしたときに「あれがほしい」「これがほしい」と思うことはあっても、自分が今世の人生で本当に欲しいものかと聞かれると、悩んでしまいます。

それは、本当に欲しいものの多くが、あなたの人生における「望み」や「輝く生き方」と似ていて、値段のつけられないものだからです。

□ 仲のいい友人との楽しい思い出
□ 信頼できるパートナーと過ごす日々
□ 刺激し合える仲間と仕事をするやりがい
□ 自分の趣味に没頭して、満たされる時間

□ 心から楽しめるライフスタイル
□ 自分がワクワクする体験
□ 自分の思いを共有できる人

私からしてみれば、このようなものはすべて、お金で買えない富です。お金以上に価値のあるものとも言えます。

人によっては、これらをまとめて「幸せ」と呼ぶこともあるでしょう。

「幸せ」の捉え方は人それぞれですが、「幸せになりたい」とどんなに願っても、それはお金で買えるものではありません。

また、お金があるからといって、必ずしも幸せになれるわけではないのです。どれだけ多くのお金を持っていても、信頼できるパートナーや友人がおらず、孤独で満たされない人生を送っていたという話は、いくらでもあります。

反対に言えば、「お金がなくても幸せになれる」ということなのです。

大切なのは、「お金で買えない富がある」という事実に気づくこと。

そのことに気づければ、あなたがいま持っている富や、これから手にしたい富も見えてきます。これはギフトにもよく似ていて、あなたの人生を輝かせ、色あざやかに彩るために、欠かせないものです。

一方で、「家がほしい」「車がほしい」など、現実で買える物を思い浮かべる方もいるかもしれません。

値段のついた物が思い浮かんだ方は、その先のことを、自分に問いかけてみてください。

家を買って、どんな生活をしたいですか？
車を買って、どこに行きたいですか？
欲しいものを手に入れたとき、あなたはどんな体験を得られますか？

物を購入するとき、多くの人は、その物を通じて得られる体験や経験を想像して、商品を手にします。つまり商品は、「欲しい」と思う体験や経験を手にするためのアイテムでしかないのです。

ある意味、それを購入するためのお金は、体験・経験を得る手段でしかない、ということにもなります。

ですから、本当に欲しいものを手に入れ、豊かな50代を生きるには、お金や物にこだわりすぎるのではなく、その先にある「人との体験」や「自分の体と心が感じるもの」も大切にしていただきたいと、私は思うのです。

◆お金がなくても幸せになれる？

よく聞くお話として、「お金を持ち始めると、自然と人が寄ってくる」というものがあります。

たとえば、タレントやインフルエンサーとして売れっ子になったら、急に大手企業から仕事の声がかかるようになった。

宝くじが当たったら、疎遠だった親戚から連絡が来るようになった。

絵描きとして独立したら、それを知った昔の仕事仲間が依頼してくれた。

成功してお金持ちになったからこそ、これまで関係の薄かった人とつながれるようになるというのは、良くも悪くもありがちな話です。

でも、反対に考えてみてください。

「お金がない状態の自分」のまわりにも、一緒にいてくれる人はいます。
それは、それだけの魅力が、自分自身にあるということ。
一緒にいるその人に、自分がなんらかのポジティブなエネルギーを与えているということです。

私にも、お金がない学生時代に助けてくれた友人がいました。

私はアメリカのオレゴン州にある大学へ留学をしていたのですが、授業料が当時、1学期450ドルでした。これは留学生価格で、オレゴン州の学生は10分の1、つまり1学期45ドルで通えるように設定されていたのです。

そのときの私にとって、450ドルの学費はあまりに大きなものでした。

そこで、授業料を安くできる方法を探していたところ、「恵子、そういうのを探しているなら」と、友人が州の学生と同じ学費になる制度を見つけてきてくれたのです。

それはインターカルチュラル・オフィサーという、現地の中高生に異文化を教える仕事をすることで、学費が減免される制度でした。私はそのとき、漆《うるし》の木箱に入った茶道具を持っていたので、日本の茶道文化を教え、学費を安く抑《おさ》えることができたのです。

この友人がいなければ、私は高い学費を卒業まで払い続けることになっていたかもしれません。

当時の私には、お金も知名度もなく、いまのようにスピリチュアルを通じて、皆さんにお話しするようなこともありませんでした。

ですが、友人は私のためを思い、減免制度を探してくれたのです。

それはきっと、私自身が友人にとっては魅力的な存在で、なんらかのよい影響を与えていたからでしょう。

考えてみると、お金以外のものでつながっている人というのは、案外、あなたのまわりにたくさんいます。

そして、いまお話ししたことはある種、私がイメージのなかで「こういうのがあったらいいな」と私が望んだ世界へ導かれた体験でもあります。この導きによる「人とのご縁」や「つながり」というのも、決してお金では買えません。

ですから、お金で買える欲しいものを見るのもいいですが、もう一歩踏みこんで、その先にある、人とのつながりに目を向けてみてほしいのです。

◆あなただけの価値に気づく

あなたのまわりにいる、お金を超えたところでつながっている人は、どんな人ですか？

また、その人たちがあなたといる理由はなんでしょうか？

自分のことで考えるのが難しい場合は、あなたがまわりの人たちとつながっている理由を考えてみるといいかもしれません。

- □「なんでも話せて、なんでも聞いてくれる友達だから」
- □「一緒にいると心地よくて、ありのままの自分でいられるから」
- □「自分にはない発想をいつも教えてくれて、刺激になるから」
- □「ずっと一緒にいても飽きることなく、常に楽しいから」

同じように、まわりの人たちもあなたのことを大切に思っているはずです。

お金を超えたつながりには、利害関係がありません。

損をするとか、得をするとか、そういう考えを抜きにして、「この人とだから一緒にやりたい」「一緒にいたい」と思える価値を、お互いに提供し合っているのです。

それは、あなただけが持っている唯一無二の価値です。

あなたも、あなたの友人も、自分だけの価値を持っています。

まずはそのことに気づき、大切にしていきましょう。

あなたのまわりにある、お金では買えないものに気づければ、これからの人生は、あざやかで、宝石のようにキラキラとして、自分が心からワクワクできる体験にあふれるものになっていくはずです。

章の終わりに

未来で後悔しない生き方を選ぶ

スマホやインターネットが発達した現代では、直接会わずとも、簡単にコミュニケーションが取れてしまいます。ですが、そんな時代だからこそ、50代の方には「直接、人に会う」という体験を大事にしてもらいたいと私は考えています。

一方で、これまでの経験から、そこまで人とつながりを必要としないという方もいるでしょう。それも充実した50代の生き方の一つです。いまの時代、一人で自由な生活を送り、輝いている50代の女性はたくさんいます。

時代は変わり始めています。自分が楽しいと思う生活を、これからは選んでいきましょう。

あなたが「こうしたい」と望めば、その世界はすでにあるのです。

自分の声に従って行動していけば、未来でふり返ったときに、「自分の人生、何だったんだろう？」ではなく、「楽しくて、満たされた人生だった！」と感じられるはずです。

4章のふり返り質問

□「幸せを感じる貯金額はいくらですか？」

□「どんな場所で生活してみたいですか？」

□「これから誰と関わって生きていきたいですか？」

□「お金以上に価値があるものはありますか？」

□「あなたの欲しいものはいくらで買えますか？」

□「あなたにとっての満たされた生活はどんなものですか？」

第5章

過去をちゃんと清算する

傷ついた自分を引っ張り出そう

「あのときダメだったから、きっと次も失敗する」

「自分にはできるはずがない」

「絶対に苦労する」

新しいことに挑戦しようとしたとき、そう思ったことはありませんか？

もしかするとそれは、自分が過去に体験した出来事による「ある思いこみ」からきているのかもしれません。

過去の思いこみは、いまのあなたの考え方や生き方に大きく関係しています。

「私の人生、これで良かったんだ」と満足できる人生を送るためにも、この章では少しだけ、自分の過去と向き合ってみませんか？

過去を清算することで、自分のなかに、キラキラとした好奇心に満ちた相棒を見つけることができるかもしれませんよ。

◆インナーチャイルドについて知る

あなたは50年間の人生を通じて、さまざまな経験をしてきました。

そこには、あたたかく幸福な思い出もあれば、ひどく傷ついた体験もあります。

「どうせできない……」と感じてしまうのは、主に、傷ついた過去の経験によるものです。ここでは、そんな「傷ついた自分」にフォーカスを当て、過去の自分をふり返っていきます。

過去を見るときに大切なのは、当時の自分を客観的に見つめてあげることです。

大人になった50代のあなたには、その力があります。

傷ついた自分を癒やし、過去を整理することで、これからの50年をよりポジティブに生きていくことができるでしょう。

人は誰しも、傷つきながら成長し、大人になっていきます。反対に言えば、一度も傷つかないで大人になった人などいないのです。

私もそうでした。まずは、私が幼少期に傷ついた体験をお話ししますね。

私の母は、仕事をフルタイムでしながら、私の習い事に対しては積極的な人でした。幼い私に、「ピアノはどう？」「バレエはどう？」「日本舞踊はどう？」とたくさんの習い事を経験させてくれたのです。

なぜそんなに熱心だったのかというと、端的に言えば、母自身が子どもの頃に習い事をさせてもらえなかったからです。母の家は農家で、兄弟が9人もいる大家族でした。そこまで裕福な家庭でもなかったので、子どもたちに習い事をさせる余裕はありません。そうして母は、「本当は私も習い事をしたい」という思いを抱えながら、農作業の手伝いをする子ども時代を過ごしていたのでした。

しかし、子どもの私には、そんな事情を知る由もありません。さまざまな習い事を経験しましたが、どれもピンと来ず、すべてやめてしまったのです。

大体の習い事は3回目のレッスンまでに飽きてしまうため、私はいつからか母に「もう、恵子は何をやらせても三日坊主なんだから」と言われるようになってしまいました。

その言葉こそ、私の柔らかく無邪気な心を傷つけるものだったのです。

「三日坊主」という言葉は私の心に深く突き刺さり、事あるごとにズキズキと痛んでは、「私は何をやってもすぐにあきらめてしまって、何もできないんだ」「だから、やめておこうよ」と囁いてくるようになりました。

私自身もその言葉を信じてしまい、「そうだよね、私は何をしても三日坊主で、何も続けられないんだ」と、気づかないうちに自分にレッテルを貼ってしまっていたのです。その後も、私はさまざまな体験をしましたが、どれも長続きしませんでした。

「私にはできない」
「三日坊主」
「やめておこうよ」
そう告げてくるのは、傷ついた自分――〈インナーチャイルド〉です。

インナーチャイルドについて、簡単に説明していきますね。

インナーチャイルドとは、「内なる子ども」と訳されることの多い、自分の内側にある意識の一つです。広義の意味では、生まれた瞬間から成人するまでの潜在意識のことを指しており、傷ついた記憶を抱えて、私たちの意識の深いところに点在しています。姿はまばらで、傷ついた当時の自分の姿や、子ども時代の自分の姿で現れることがあります。また、姿はなく、声だけが聴こえるという場合もあるでしょう。

どんなに年月がたっても、彼らは意識のなかでずっと傷ついていて、あなたがもう二度と傷つかないように、さまざまな言葉によって制限をかけてきます。

その言葉こそ、「これをしたら嫌われるかもしれない」「どうせ失敗する」「うまくいくはずがない」「努力は報われない」「私はどうせ三日坊主だから」というような、あなたの挑戦を妨げるものです。

人によっては、なにか悪いことが起きたときに「だから言ったのに」「やめておけばよかったのに」という大人びた声が聴こえることもあるでしょう。

彼らの声を聴き入れ、「自分はそうなのだ」と思いこんでしまったために、当時の私は何をしても長続きしない自分になってしまいました。

インナーチャイルドの声に従っていると、挑戦を恐れるようになります。キラキラした楽しそうな出来事があっても、飛びこむことが難しくなってしまうのです。

そして、傷ついた経験が多い人ほど、インナーチャイルドの声は強くなりがちです。

しかし、その反面で、インナーチャイルドは傷ついた過去が癒やされることを待っています。

迷子になって、親に置いて行かれたと思いこんで泣いている子どものように、あなたの潜在意識のなかで傷を抱え、塞《ふさ》ぎこんでいるのです。

傷ついた自分を引っ張り出すことは、自分のなかにいるインナーチャイルドたちに気づいてあげるということ。そして、あなたが信じてきた「どうせできない」「次もきっと失敗する」というネガティブな考え方が、真実ではないと気づくことです。

◆インナーチャイルドを癒やし、和解しよう

まずは、一人でリラックスできる時間をつくり、次の方法で、自分のなかにいるインナーチャイルドを感じてみましょう。

傷ついたインナーチャイルドは、外から来るものに怯え、心を閉ざしていることがあります。

もし、一緒に住んでいる家族がいる場合は、部屋に入ってこないよう、あらかじめお願いしておくといいかもしれません。

1 ゆっくりと息を吸い、不安や緊張を吐き出すイメージで深呼吸をする
2 自分の体の中に意識を向けて、インナーチャイルドがどこにいるのかを感じてみる
3 胸や喉、腕など、具体的にインナーチャイルドのいる場所を感じたら、そちらに意識を向けたり、触れたりしてみる
4 インナーチャイルドが抱えている痛みや不安、悲しみなどを感じたら、素直に受けとってあげる
5 ゆっくり深呼吸して、意識を戻していく

もしかすると、インナーチャイルドが体験した「傷ついた過去」のビジョンが見えた方や、そのときインナーチャイルドが感じたものに共鳴して、悲しい気持ちになることがあるかもしれません。対話ができれば、インナーチャイルドが自分から傷ついた過去を話してくれることもあります。

そのようにして感じたものや、聴いたものは、すべてインナーチャイルドの気持ちです。話を遮《さえぎ》ったり、諭《さと》したりせず、素直に受けとってあげてください。

インナーチャイルドの思いを知ったうえで、大人のあなたが、客観的に傷ついた過去を見てあげるのが大切です。

たとえば、「三日坊主」という言葉で私は傷つきましたが、いま、考えてみれば、そのときの母に悪意はありませんでした。散らかった部屋を見て「もう少し掃除したら?」と言うのと同じように、ただ自分の感じたことを述べただけだったのです。

「私は三日坊主」というレッテルを貼り、インナーチャイルドの制限する声を聴き入れてきたのは、まぎれもない私自身でした。

つまり、ここでお伝えしたいのは、自分を傷つける発言や言動をした「他者」に怒りを向けても、根本的な解決にはならないということです。

可能性にあふれた未来を自分らしく生きるためには、他者ではなく、自分自身と向き合う必要があります。

「こんなことで傷つく自分が悪い」

そう感じてしまうのも、きっかけになった体験があり、傷ついたインナーチャイルドがあなたのなかにいるからです。

まずは彼らと向き合い、本当はどう感じていたのか、どんな体験で自分は傷ついてきたのかに気づいてあげてください。

あなたのなかには、どんなインナーチャイルドがいますか？
彼らは、どんな体験で傷ついたと言っていますか？

「インナーチャイルドの存在を感じられない」

そんな方は、自分がやりたいことを思い浮かべて、それを拒《こば》む声に意識を向けてみてください。何日かに分けて、落ち着いた状態で先ほどのプロセスを繰り返すことで、次第にインナーチャイルドの存在を感じられるようになります。

拒む声すら聴こえない場合は、すでにインナーチャイルドと和解が済んでいるのかも。いま、無理に感じようとはせず、本書を読み進めてから、再度挑戦してみてくださいね。

後で詳しくお話ししていきますが、私たちの意識には、傷ついた自分である〈インナーチャイルド〉のほかに、最もピュアで可能性に満ちあふれた意識――〈マジカルチャイルド〉が存在しています。インナーチャイルドの傷を癒やし、マジカルチャイルドの元へ帰してあげることで、あなたの人生は自由で、ワクワクに満ちたものになっていくはずです。

輝く未来の土台は、これまでの自分

傷ついた自分を引っ張り出すときに一緒に行ってほしいのが、これまでの人生で「輝いていた自分」を見つけてあげる、ということです。

あなたの人生には、傷ついた過去がある一方で、たくさんの人に愛され、喜びや幸せにあふれた体験があります。そのきらめく瞬間にも、ぜひ目を向けてみてください。

「自分には、輝いていた経験がない」

そんなことはありません。

人は誰もが、生まれたときからたくさんの祝福を受け、無条件の愛に包まれてきました。私たちは、自分の両親や親戚だけでなく、自然の風や木々、花、動物、星々、海といった地上のすべてに愛され、寵愛を受けて生まれてきたのです。

生まれたばかりのあなたは光に包まれ輝き、ただいるだけで、まわりの人々を幸せにする力を持っていました。

しかし、不安や恐怖、悲しみ、痛みを体験するにつれて、心のなかに影が生まれるようになり、祝福の声に耳を傾けられなくなっていきました。そうして、自分が愛されている存在ということを忘れてしまったのです。

◆自分の「輝きポイント」を知ろう

傷ついた一面にばかり目を向けてしまうと、「自分は愛されている存在である」ということを見失いがちです。ネガティブなイメージの世界が広がり、未来をよい方向に考えにくくなってしまいます。

傷ついた過去に向き合うときには、自分の「輝きポイント」にも目を向けていきましょう。

私の場合は、「運動神経のよさ」が輝きポイントでした。

小学生の頃から私は、運動が得意だったのです。勉強は苦手でしたが、運動をしているときの私は輝いていました。特に、マラソン大会で1位をとったのが私にとってのいい思い出で、まわりのみんなが喜んでくれたことをいまでもすごく覚えています。

また、中学生のときも、運動神経の良さを活かしてテニス部に入り、監督に「才能あるな」と言ってもらえることがありました。その一言で私は勇気をもらい、夏の厳しい特訓もやり遂げることができたのです。

ふり返ってみても、あのときの私は輝いていました。それに、中学時代の経験があったからこそ、いまの私の精神力はあるのだと、強く感じています。

あなたにも、「この時があったから、いまの自分がいる」という思い出があるのではないでしょうか？

そのような体験は、まぎれもなく「輝く思い出」です。

そういう意味では、祖母との生活も、私にとって輝く思い出の一つでした。

私は幼少期から中学生ぐらいまで、ほとんど祖母に育てられました。母が仕事で忙しく、祖母と一緒に過ごす時間が多かったのです。

祖母は、私によく「良かったな、うまくいったんやな」「ええ子やな」と声をかけてくれました。それは、「いい子でいなさい」という意味ではなく、私が「ありのままの自分でいい」というのを認めてくれる言葉だったのです。

祖母のくれたこの言葉があったから、いま、自分らしく生きる私がいるのだと思います。

このように、自分のいい思い出をふり返ってみると、

「50代だけど、またテニスをやってみたいかも」

「運動が得意だったし、また始めてみようかな」

「自分はありのまま生きていいんだな」

など、未来の輝く生き方のキーワードを見つけられることがあります。

人によって、輝いていた時代は違います。ティーンエイジャーの頃でも、20代、30代、40代の思い出でもかまいませんので、ぜひ思い出して、当時の輝くエネルギーを感じてみてください。

◆失敗も自分を形づくっている

もしかすると、たくさんありすぎて、思い出せないという人もいるかもしれません。反対に、

失敗した思い出がよみがえってきてしまうこともあるでしょう。

失敗も大切な経験の一つです。

人生には、自分の思い通りにいかないことがたくさんあります。傷ついた自分をケアしてあげるのは大切ですが、「つらかった」「苦しかった」体験そのものは、忘れてはいけない思い出だと私は考えています。

なぜなら、失敗が次の学びへつながっていき、新たな才能につながることがあるからです。

私もかつて、大きな失敗を経験し、「人生のどん底に陥った！」と感じたことがあります。

20代の頃の私は、強いキャリア志向を持っていました。アメリカの大学を卒業し、異文化の専門コンサルタントになるつもりで、日本に帰国したのです。

しかし、当時の日本には、そのような職種がほとんどありませんでした。

そこで、英語を活かした仕事を探した結果、私はあるオランダ人の秘書として、派遣で1週間雇われることになりました。その方はオランダ語がメインで、第2外国語が英語だったのですが、私はそこで大きな失敗を体験したのです。

それはなんと、たったの3日で秘書をクビになるというものでした。

なぜクビになったのかというと、端的に言えば、仕事ができなかったからです。

手書きのレターをパソコンで打ちこむという仕事だったのですが、字が汚く、私には読むことができませんでした。仕方がないので、読めない箇所にハイライトを引いて「なんて書いてあるのかわからないから、教えてほしい」と頼んだのですが、仕事ができないと判断されて、私はクビになりました。

しかも、派遣会社の方からは、「3日でクビになった人は、これまでいなかった」とさえ言われてしまったのです。

そのときの私は、恥ずかしさと「クビになった」というショックで、ひどく落ちこみました。当時の私にとっては、まるで地獄に落ちたかのような体験だったのです。

さらに、「3日」というワードから「三日坊主」という思いこみがよみがえってきて、「やっぱり、自分は何もできないんだ」とも感じました。

しかし、50代になってからふり返ってみると、あのときのクビがあったからこそ、いまの自分があるのだとわかります。事実、クビになった3か月後に、私は「異文化コミュニケーションコンサルタント」という仕事と出会い、いまのキャリアへ進むことになったのです。

もしかすると、いまのあなたが失敗だと感じている体験も、未来の自分にとっては、本当にやりたいことを達成するために必要なものなのかもしれません。

つらい経験も、輝いていた頃の思い出もすべて、いまのあなたを形づくっている大切な過去です。そこから受けとった学びや才能、得意なことに気づくことで、いまから輝くための土台をつくり上げていくことができます。

「昔、8段の跳び箱を飛べるようになろうと熱中して、体育で褒められた」

「動物がすごく好きで、図鑑を暗記するほど読んでいたら、動物園に行ったときに両親から褒められた」

「好きなアーティストの曲を『ドレミファドン』ができるぐらい聞きこんでいて、友達とクイズ大会をして盛り上がった」

どんなにささやかな出来事でもかまいません。

当時の自分が感じた熱量や感情と一緒に、輝いていた思い出をふり返ってみましょう。

「自分立て直し計画」を立てよう

あのとき、本当はやりたかったけど、できなかったことは何ですか？

ずっと以前のことでも、いまも心に残っていることはありますか？

ここでは、これから先の人生を輝いて生きていくために、「自分立て直し計画」を実際に立てていきます。「自分立て直し計画」とは、これまでの経験や才能を活かし、あなただけの未来のシナリオをつくっていく作業のこと。

インナーチャイルドの存在に気づいた今のあなたなら、これまでのワクワクした経験も、つらかった経験もすべて活かして、未来を歩いていくことができます。

◆これからの幸せシナリオを描く

経験とは、唯一無二の財産です。同じ景色を見ても人によって感じ方が異なるように、あなたの経験は、ほかの人がお金を払っても手にすることはできません。

自分だけの経験や感じたものをフルに活かしながら、第2、第3の自分だけの人生を描いていきましょう。

まずは、10年のスパンで50代以降の人生のシナリオを描いてみてください。

ここで大切なのは、自分が心からワクワクした状態で始めることです。

あなたは、どんなときに幸せを感じますか?

自分が幸せな状態を思い浮かべ、心地のいい状態になってから、未来の自分について考えてみてくださいね。

たとえば、50歳からの10年の人生計画であれば、

「3年後、パートナーと、ちょっと郊外の落ち着いた地域に住んでいて、月に1度は一緒に外食をする生活をしている。子どもたちも、それぞれの場所で幸せに暮らしているはず」

など、具体的なシナリオを描いてみるのもいいでしょう。あるいは、自分自身にフォーカスを当てて、「趣味の書道でコンクールに出て優勝し、書家としてデビューする。いろいろな人の家に自分の作品が飾られるようになり、才能を活かして、自分の家にも家族を表現した作品を

＼夢にあふれた未来を描く！／

私の幸せシナリオ

50歳からの10年

□「私は◯◯◯◯を大切にして、毎日を過ごしています」

□「私は◯◯◯◯を目標にして、行動しています」

□自分の成長を促すための環境、人間関係など。

□経済的な状況について

60歳からの10年

□

□

□

□

70歳からの10年

□

□□□

80歳からの10年

□□□□

90代歳からの10年

□□□□

飾る」など、夢や目標を描いてみるのもおすすめです。

いま、書道の例をお話ししたのは、以前、書家の武田双雲先生のところで書かせていただいたことがあり、とても楽しかった記憶があるからです。久しぶりに書いてみると、自分の作品にすごく愛着が湧いて、「もっと私という存在を通じて、書で表現したい！」とワクワクした気持ちになりました。

こんなふうに、自分がワクワクすることに目を向けて、夢と希望に満ちた、あなただけの未来シナリオを描いてみましょう。

イメージの世界は無限です。

そこではすべての願いが叶い、あなたが「これをしたい」と望んだものが現れます。

「こんなことが起こるはずがない」と思う必要すらないのです。

あなたのなかにあるイマジネーションをふんだんに使って、夢や希望、キラキラと輝く未来のシナリオを思い浮かべてみてください。

迷ったら、あなたのなかにいるマジカルチャイルドに相談してみたりするのも有効です。

「これから、どうしたい？」と問いかけ、耳を傾けてみましょう。画用紙を広げ、一緒にお絵かきをするようなイメージで、夢にあふれた未来を描いてみるのも楽しいですよ。

◆マジカルチャイルドに会いにいこう

傷ついた過去の自分が癒やされていくと、あなたのなかにいたインナーチャイルドは、本来の居場所であるマジカルチャイルドの元へ帰っていきます。

マジカルチャイルドとは、「自分が地上のすべてから愛されている」と知っている純粋な子どもの意識です。生まれたばかりのあなたと同じように、風や花や木々の祝福の声に耳を傾け、愛や好奇心に満ちあふれています。

簡単に、インナーチャイルドとマジカルチャイルドの関係性について説明していきますね。

インナーチャイルドも、もともとはマジカルチャイルドの一部でした。しかし、傷つき、不安や恐怖を覚えたことで、マジカルチャイルドから分離してしまったのです。

インナーチャイルドが分離するほど、マジカルチャイルドは小さくなり、本来の純粋な力を失っていきます。そして、やがて眠りについたように動かなくなり、愛や好奇心といった、誰もが持っている力を発揮できなくなってしまいました。

マジカルチャイルドの力を取り戻すには、分離したインナーチャイルドを、眠っている彼／彼女の元に帰してあげる必要があります。

この章を通じてお伝えしてきたことはまさに、マジカルチャイルドの力を取り戻し、あなたがキラキラとした好奇心を取り戻すために必要なプロセスだったのです。

マジカルチャイルドが本来の力を取り戻すと、未来の可能性はどんどん開いていきます。それを体験したあなたは、驚くほど自由になるでしょう。

なぜなら、マジカルチャイルドは、この世界が無限の可能性にあふれていることを知っているから。「人生は、私たちがつくる魔法の世界」というのが口ぐせのマジカルチャイルドにとっては、私たちが障害や失敗に思えることは、なんでもないことなのです。

それに、マジカルチャイルドは魔法の力を使って、私たちにやる気や勇気、新しいインスピレーションを与えてくれることがあります。ワクワクすること、楽しそうなこと、キラキラと輝いていることをいち早く察知し、私たちの好奇心を刺激してくれるのです。

これから先の人生をマジカルチャイルドと一緒に歩いていけたら、なんだか楽しそうじゃないですか？

「マジカルチャイルドに会ってみたい」

そう感じたら、インナーチャイルドに出会うのと同じように、会いにいってみましょう。方法は次の通りです。

1 ゆっくりと息を吸い、不安や緊張を吐き出すイメージで深呼吸をする

2 マジカルチャイルドに会いにいくと決める

3 光の小道を歩いていき、心の奥深くにある神聖なガーデンへ向かう

4 ガーデンの門をくぐり、待っているマジカルチャイルドに会いにいく

5 マジカルチャイルドに声をかけ、ガーデンを案内してもらう。お気に入りの場所や楽しい話を聴かせてもらったりして、交流を楽しむ

6 今やりたいことや、どうやったらできるのかを聴いてみる

7 「会えて嬉しかった。ありがとう、また会おうね」と伝え、ガーデンの入口から光の小道を歩いて戻ってくる

8 深呼吸をして、意識を現実へ戻す

初めてマジカルチャイルドに会う場合、手順どおりスムーズに進まないこともあります。その場合は、無理に会話をしようとはせず、一緒にいるだけでもOKです。何度も会いにいくうちに、少しずつ、会話ができるようになっていきます。

また、「こういうことがやりたい」と自分からマジカルチャイルドに相談をして、一緒に考えてもらうのも有効です。家族や大切な友人に接するのと同じように、愛を持ってマジカルチャイルドと交流してみてください。

可能であれば、自分が描いた未来のシナリオを一緒に見て、イメージの世界で楽しんでみるのもいいでしょう。そうすると、次第に未来への扉は開いていきます。

章の終わりに
未来の窓を開けよう

イメージをふくらませるだけでは、望みが叶う可能性は低いまま。真の意味で未来の扉を開くために、イメージの世界で描いた夢や、キラキラとした望みを行動へ移していきましょう。

そのためのシナリオこそ、「自分立て直し計画」です。

あなたには、好奇心にあふれ、愛に満ちたマジカルチャイルドがついています。もし行動することに不安を感じたら、「失敗したりしないかな?」と聴いてみましょう。きっと「大丈夫、やってみて」と応援してくれるはずです。

一歩踏み出すだけで、あなたの無限の可能性は夢へとつながっていきます。

さあ、あなたは自分のために、どんな一歩を踏み出しますか?

大切なのは「お祝いをする」ということです。

一歩踏み出せたら、まず自分で自分にお祝いをしましょう。

5章のふり返り質問

□「いまでも覚えている『傷ついた過去』がありますか？」

□「いまの自分につながっている輝く思い出は何ですか？」

□「叶えられなかった夢はありますか？」

□「マジカルチャイルドの願いは何でしたか？」

□「未来を楽しむために、どんな一歩を踏み出しますか？」

第6章

恋愛だって、あきらめない

「50歳」をすぎたら、恋愛は卒業？

「50代だし……」

「もうそんな歳じゃないから」

そんな言葉がすっかり口ぐせになっていて、50代を迎えたことで、いろいろなことをあきらめてしまう人は少なくありません。

その筆頭ともいえるのが、恋愛です。

「もう恋愛は卒業」

50代の方のお話を聞いていると、そんな言葉を聞くことがあります。

「これまでだって結婚できなかったのだから、いまさら結婚なんて無理」

「愛し合って結婚したはずなのに、夫婦になったら変わってしまって、いまは一緒にいても何とも思わない」

「あんな思いをする結婚なんて、もうこりごり」

そんなふうに思って、「恋愛」を無意識のうちに避けるようになってしまった方も、少なくありません。

◆ときめきは人生にあふれている

新たな恋をためらう気持ちも、よくわかります。

50代の私たちは、これまでの経験から、恋愛が「好きな人と一緒にいられる幸せ」という一面だけではないことを知ってしまっています。

時にはつらいこともあり、結婚できたとしても、その先の日常で衝突したり、裏切られたりすることもあるかもしれない。

過去にそのような体験をしたことがある方ほど、恋愛をネガティブに捉えて、「いまさら恋なんてしても、いいことなんてない」と考えてしまいがちです。

そうして、本当は心のどこかで「新しいパートナーに出会いたい」「恋をしたい」と思っていても、あきらめてしまうのです。

でも、私がお伝えしたいのは、「何歳になっても恋をしていい」ということ。

あなたには、新しいパートナーと出会い、自分だけの幸せをつかむチャンスがあります。

実際に、そのチャンスは「風の時代」に乗って、私のもとにもやってきました。

私自身、すでに結婚も離婚も経験していて、恋愛においては、常に順風満帆というわけではありませんでした。「デートする相手はいても、彼氏はいない」という状況がしばらく続いていたのです。

しかし、結婚というところから一度離れ、「この先、一緒にいてくれる相棒がいたらいいな」と思っていたところ、半年後に彼が現れました。

ですから恋愛は、若い世代の特権ではないのです。

50代だからといって、恋をあきらめる必要はありません。

若い頃と同じように、恋のときめきを求めてもいいのです。

◆あなただけの恋愛のシナリオを描こう

あなたは、どんな恋をしてみたいですか？

50代になった今、どこまで恋愛を楽しみたいですか？

自分がワクワクする恋愛のシナリオを書き、シミュレーションしてみましょう。

たとえば、

「好きだったはずなのに、歳を重ねて、仮面夫婦のようになってしまった」

という場合であれば、

- 第2のハネムーンに行く
- 銀婚式のように、二人の結婚記念日を盛大にお祝いする
- ディナーへ一緒に行ってみる

など、さまざまなシナリオを考えられます。

「いまのパートナーには希望が持てないから、他の人のところへ行こうかな」

そう思い、行動するのは、あなたの自由です。

しかし、その前に一度、自分に問いかけてみてほしいのです。

あなたは、自分の本当の望みを、パートナーと分かち合いましたか？

何も言わずに、どこかであきらめていませんか？

「これまでだって無駄だったから」

「あの人にはきっと理解してもらえないから」

そう思うこともあるかもしれません。ですが、「もういい」とあきらめずに、もう一度、ちゃんと自分の思いを言葉にしてみてほしいのです。

いま、あなたがもう一度、恋愛を楽しむとしたら、どんなことをしたいですか？

第2の青春を始めるとしたら、どんなことをしたいですか？

こんなふうに聞くと、

「高校のときみたいに、手をつないで、ときめきたい」

など、案外、甘酸っぱいものが出てきたりします。

中学生、高校生の自分が「好きな人」に抱いていた淡い感情を、もう一度体験したいという人は、意外と多いのかもしれませんね。

「こんなふうにときめきたい」と感じる自分がいることに気づいたら、全部許可して、与えてあげましょう。

結婚したことがない方も、仮面夫婦の方も、離婚した経験がある方も、「恋愛したい」という気持ちが自分のなかにあるのなら、恋をする自分を許可してあげてください。

「50代になったら恋愛卒業」

そんな声から卒業してしまいましょう。

本当は、誰もそんなことを言っていないのです。

「恋がしたい」

「心を許せるパートナーが欲しい」

「いまの旦那さんと、昔のようにつき合いたい」

そう感じる自分を見つけたら、次のページから、恋のときめきや愛する気持ちを思い出していきましょう。

ときめく恋愛のスイッチを入れる

恋をしている状態とは、どのようなものでしょうか。

「会うと、ドキドキと胸が高なる」

「無意識のうちに、その人のことを考えている」

「その人のことを思うと、あたたかく、幸せな気持ちになる」

人によっては、愛の力にあふれ、その人のために尽くしたくなったり、思う力が強くなり、恋焦がれたり、切ない気持ちになったりすることもあるでしょう。

それはある意味で、心と体がハッピーで満たされている状態とも言えます。「ときめき」とも呼ばれ、自分の気分を上げてくれるものです。

◆恋のときめきを呼び起こす

人は誰しも、自分のなかにキラキラしたときめきを持っています。

新しいものにワクワクしたり、恋をしてドキドキしたりするのは、ときめきの力です。

もしかすると、いま「恋をしたい」と思っていても、なかなかうまくいかない方は、ときめく力の存在を忘れてしまっているのかも。

私たちは、これまでさまざまな人と出会い、体験を重ねてきました。

そこで受けとった人とのつながりや経験は、大切なギフトです。

しかし、経験したことのあるものが増えると、「これもきっと、あの時と同じ」と無意識のうちに考えてしまって、ときめく力が弱まってしまうこともあります。

ですから、恋のドキドキを感じるために、まずは、自分のなかにある「ときめく力」を呼び起こしていきましょう。

◆ときめく力を刺激しよう

ここでは、実際に私が行っている方法を2つ、ご紹介しますね。

1つめは、ラブコメを見ることです。

恋愛作品を見ると、自然と登場人物に感情移入をして、自分のなかにある「ときめく力」が刺激されていきます。

特に、自分と近い年齢の人が恋に落ちる作品や、愛し合っている2人の作品を見てみると、感情移入しやすいでしょう。

いまはNetflixやAmazonプライムなど、毎月一定の金額を支払うと映画やドラマが見放題になる、いわゆるサブスクリプション・サービスが多くなっていますから、そういうものを利用すれば、お金をあまりかけずに、たくさんの作品を視聴できます。

まだ、サブスクリプション・サービスを一度も利用したことがないという方は、これを機に新しいサービスに挑戦してみるのも、自分なりの楽しさやライフスタイルを見つける方法かもしれませんね。

2つめは、異性と出かけてみることです。

「恋をしたい気持ちはあるけど、ときめくことがない」

と感じている方は、まずは恋愛という部分から一度離れて、自分の恋愛対象の性別の方と話したり、一緒に出かけたりしてみてください。

私の場合は、趣味で神社めぐりやゴルフをよくするので、男性の方と一緒にゴルフ場をまわったり、そのあとで食事をしたりすることがあります。

それだけでも、ちょっとした「いいな」と思うポイントが見つかって、自分のなかの「ときめく力」が刺激されていくことがあるのです。

「旦那さん以外の異性と食事に行ったことがない」

「なんとなく後ろめたい」

夫婦として過ごしてきた時間が多い女性のなかには、そう感じる方もいるかもしれません。

その場合は、まず旦那さんと試してみてください。

おしゃれをして、ふだん行かないような場所に行ってみましょう。

たとえば、「夫婦で外食なんて、しばらくしていない」という方は、ちょっと贅沢をして、銀座のお店を一緒に予約してみる、というのもいいでしょう。

食事に行ったら、それこそカップルのデートのように、いろいろなトピックで会話を弾ませてみてください。

ふだん話さないようなことや、お店のことなど、積極的に話してみましょう。

「どうせ行っても、いまさら話すようなことなんてない」

そう思うかもしれません。

たしかに、夫婦として一緒にいる時間が増えるほど、暗黙の了解や、聞かなくてもわかることが増えてきて、会話が少なくなりがちです。

いまさら、気をつかって会話を盛り上げるような間柄ではなかったり、もともと言葉数が多くなかったりするケースもあるでしょう。

しかし、それでも、会話をあきらめないでほしいのです。

言葉は目には見えませんが、たくさんのエネルギーを持っています。

「嬉しい」「楽しい」「美味しかった」など、ポジティブな言葉を受けとることで、体にもポジティブなエネルギーが循環し、自分をいい状態に保つことができます。

それは、相手にとっても同じです。

言葉にして、ポジティブなエネルギーを与えてあげることで、お互いの愛が循環し、「ときめく力」も強まっていきます。

また、実際に行ってみて会話が少なかったとしても、あまりがっかりしないでください。落ちこむ必要はどこにもありません。

「会話はあまりないけど、いま、この珍しい状況をどう楽しもう？」

そう切り替えて、2人きりのお出かけを味わいましょう。

会話が苦手な場合は、映画や美術館に行ってみる、というのでもいいのです。

大切なのは、日常とは違う角度から、恋愛対象となる方と触れ合う時間をつくること。

自分にたくさん刺激を与えてあげることで、「ときめく力」は強まっていき、恋をするドキドキ感やときめく感覚が、再び自分のなかに芽生えていきますよ。

愛し、愛される関係

あなたにとって、恋愛とはどんなものですか？

いまの時代、LGBTQなど、さまざまな性のあり方や性的指向が広がってきており、個人が自分を尊重して恋愛できるようになりました。

異性との愛、同性との愛、そのほかの愛。何を「愛」と捉え、恋愛をするかは、人それぞれです。

50代を迎える方のなかには、これまでの経験から、自分にとっての恋愛的な愛の捉え方が決まっている方もいるはずです。

ですが、愛し、愛される関係を続けるために、共通して大切なのは、

「あなたは、パートナーに、どこまで心のつながりを感じていますか？」

ということだと、私は考えています。

心のつながりというのは、日常のささやかなことから生まれます。

お互いの表情をちゃんと見て会話をしていますか？

視線を合わせたり、ほほえんだりしていますか？

ちょっとしたお互いの変化に気づけていますか？

パートナーとの日常をふり返ってみてください。

「できていないかもしれない」と感じたら、そのことを意識するだけでも、愛し、愛される関係を築いていくことができます。

◆愛を循環させる魔法の言葉

「全部できている」

「パートナーはいつも私を見てくれている」

そう感じたら、続けて自分に問いかけてみましょう。

あなたはどんな言葉を、自分が愛する人にかけていますか？

私の場合は、朝起きたら「おはよう」と声に出して伝えて、「どんな気分？」とまず聞くようにしています。

そうして、「今日はこんな気分で目が覚めたよ」と、感じているものや気分を開示してもらうのです。

なぜなら、愛し、愛される関係において、自分の内側にある思いや情報を自己開示してもらうのは、非常に重要だからです。

たとえば、日常的にできる自己開示には、

「今日はこんな怖い夢を見た」

「昨日の夜、こんなことを話していて、すごく楽しかった」

「お皿を洗っておいてくれて、嬉しかったし、助かったよ」

などがあります。

一見、わざわざ言葉にして伝えなくてもいい内容ですが、それらをあえて言葉にして自己開示をすることで、心のつながりは深まっていきます。

なぜなら、自己開示というのは、信頼している人にしかできないからです。

愛している人というのは、自分にとって「信頼できる人」ということ。つまり、自

己開示をすることで、同時にパートナーへの信頼や愛も深まっていくのです。

ですから、心にふと思うことがあれば、ぜひ自己開示をしてみてください。

大切なのは、言葉に出すことです。

「楽しい」「嬉しい」「幸せ」といった言葉は、愛の力を持っています。それらを声に出して伝えてあげることで、「愛」は言葉を発したあなたから、受けとったパートナーへ移っていきます。

反対に、パートナーが「嬉しい」といった言葉を伝えてくれれば、その言葉から、あなたは愛を受けることができるのです。

それはつまり、愛が循環しているということ。

まさに、愛し、愛されている関係が、そこにあるということです。

パートナーといい関係性を続けるために、まずは、愛を循環させられる共通言語を持ってみてくださいね。

「言葉にせずとも、伝わっている」

たしかに、そう思えるのも、ある種の信頼からなるものです。

しかし、言葉を交わすことで、さらに愛は循環していきます。

私は皆さんに「愛を伝えてあげてください」とお伝えするようにしています。

愛の周波数は、別名「ソルフェジオ周波数」とも呼ばれるもの。これは、グレゴリオ聖歌にも使われていた古代の音階で、ヘルツで表すと、癒やしの周波数である528Ｈｚに該当します。528Ｈｚの周波数には、傷つき、壊れた細胞を修復できるという癒やしの力があるのです。

そして、それは「感謝をすること」で高めることができます。「愛を伝える」とは、「感謝を伝えること」なのです。

◆セクシュアリティと向き合う

また、愛し、愛される関係を考えるうえで、外すことのできない問題があります。

それは、セクシュアリティについてです。

人によっては、触れにくいと感じるかもしれません。

しかし、いまの自分がセクシュアリティに対して抱いている感情を、見て見ぬふりしないであげてほしいのです。

私は、この本を通して「50代はまだまだ輝ける！」とお伝えしています。たしかにそれは、間違いではありません。

しかし、20代、30代の若い頃と比べると、どうしても肉体や精神に変化が訪れます。

「若い頃に比べて、体が疲れやすい」

「気力が湧かない」

「昔と今では、ときめくものが変わってきた」

それは、セクシュアリティとの向き合い方も同じです。

「肉体的な性への欲求が薄れてきた」

「変わらず、相手を求めたい気持ちがある」

「父・母だった期間が長すぎて、パートナーが性的な対象に見えない」

どれがいい悪いということは、決してありません。

大切なのは、いまの自分が、どんなふうにセクシュアリティを捉えているのかを知ることです。

そして、それをパートナーへ一度、自己開示することです。

自己開示をしないままパートナーと生活を送っていて、「なんとなく愛されている感覚がない」と感じる方は、案外、少なくないのです。

たとえば、一度出産を経験した女性は「子どもを産んでからは、ちょっといいかな」という気持ちになりがちです。でも、実は旦那さんは求めていて、それこそが愛を伝える方法だと感じていたら、どうでしょうか。

お互いが自己開示をしないまま、なんとなくすれ違い、だんだん愛が循環しなくなっていく、ということもあるでしょう。

最近では、世代を問わず、肉体的な触れあいを必要としないプラトニックな恋愛を求める人も増えてきました。

もちろん、それも一つの愛のかたちです。

プラトニックな愛を求める人同士が自己開示をできていれば、その愛は循環していきます。

しかし、言葉を交わしていないと、やはり愛は循環しなくなってしまうのです。

ですから私は、皆さんが愛し、愛される関係を続けるためにも、この問題からは目をそらさないでほしいと思っています。

とはいえ、「女性からそんな話をするのは、はしたない」「恥ずかしい」と感じる気持ちもよくわかります。育ってきた環境や経験による刷りこみがある場合、そう感じてしまうのは、ある意味、仕方のないことです。

そのような方は、まず、自分がセクシュアリティに向き合うことを許可してあげてください。これは、自分の過去や「やりたいこと」に向き合うのと同じです。

あなたは、自分の性に対して、本当はどう感じていますか？
性を通じて愛を育むことに対して、どんな意見を持っていますか？
パートナーに何を望んでいますか？
どういう関係でありたいと望んでいますか？
どのようなコミュニケーションを取ったとき、愛の力を感じますか？

すぐに答えを出すのは難しいかもしれません。しかし、何度も繰り返し対話を行い、少しずつ、自分のなかにある思いを確かめてみてください。

大切なのは、自分とパートナーがどう感じているのかということです。

プラトニックな愛を求める人と、そうではない人のカップルであったとしても、それ以外の方法で愛を循環させられるなら、「愛し、愛される関係」を続けられるでしょう。

しかし、自己開示をしないまま「自分が我慢すればいい」と考えてしまうと、やがて、恋愛対象とも思えなくなってしまうこともあります。

もちろんこれは、言いづらいことや、開示したくないパーソナルな部分も全部話しましょう、ということではありません。

お伝えしたいのは、

「もう少し、自分が愛を感じる方法と向き合い、お互い意見交換してみませんか」

ということです。

いろいろな経験をして、傷ついてきた50代だからこそ、早めの自己開示は大切と私は考えています。

「こんなはずじゃなかった」

「やっぱり、この人といても満たされない」

そう思わないためにも、一度、自分なりの愛の捉え方をふり返ってみませんか？

章の終わりに
あと5年、自分を喜ばせる

先日、50歳の知人と話をする機会があったのですが、私はそこで、驚くべきことを耳にしました。その知人は、「もう終活をしているの」と言うのです。

「まだまだ新しいことに挑戦できるよ？」

「恋も、これからしようと思ったらできるよ？」

思わず、そう言いたくなってしまったほどです。

改めてまわりを見てみると、子どもが育ち、孫もできてとなると、「これからの人生でやるのは、もう終活ぐらいかな」と思っている方も少なくないようでした。

そんな方には、「あと5年待って！」と言わせてください。

これからの5年間、自分が喜ぶことをつくってから終活してみませんか？

今世の終わりを考えるのは、そのあとでも遅くないはずです。

6章のふり返り質問

□「あなたは、50代の今、どんな恋をしてみたいですか？」

□「恋にときめきを感じることはありますか？」

□「パートナーに自己開示ができていますか？」

□「そもそも、あなたはパートナーを必要としていますか？」

□「あなたにとっての自己愛のある行動は何ですか？」

第7章

欲しい
未来が
やってきた！

「どうせ」から「まさか」に乗り換えよう

「どうせ、50代の私なんて……」

「とりあえず、私は……」

「いまからやっても……」

無意識のうちに、よく口にしていませんか?

この世界には、似ている性質のものを引き寄せる「引き寄せの法則」というものがあります。

「類は友を呼ぶ」ということわざは、まさに引き寄せの法則を表していて、夢を持ち、輝いている人のまわりには、同じように輝いている人が引き寄せられてくるのです。

つまり、自分が常にハッピーなオーラをまとい、満たされた状態でいれば、さらなる幸せも引き寄せられてくるということ。反対に、ネガティブなエネルギーを持ち続けていると、だんだんとネガティブなものばかりが引き寄せられるようになってしまいます。

これは、言葉においても同じです。

ポジティブなエネルギーを持つ言葉を使えば、ポジティブなことが引き寄せられてきて、自分もプラスのエネルギーを受けとることができます。

私の祖母は大阪の人で、「結構、結構」というのが口ぐせでした。

これには「幸せ」という意味がこめられていて、私にもよく「あんた結構やな（幸せもんやね）」と伝えて、幸せのエネルギーを分けてくれたのです。

「どうせ、これから何かを始めても、何者にもなれない」

一方で、ふだんからこのような言葉を使っていると、勇気を出して、いざ挑戦したときにもいい結果が出ず、「ほら、やっぱりダメだった」とさらに挑戦する勇気をなくしてしまいます。

「ポジティブな人になろう」と思っても、いきなり自分の考え方や行動を変えるのは難しいものです。しかし、口ぐせは意識をすれば、変えていくことができます。

◆「まさかの世界」へ飛びこもう

使う言葉を変えれば、引き寄せられるものも変えることができるのです。

それに、この世界ではすでに、あなたの予想を超える出来事がいくつも起こっています。ほんのわずかですが、その一例をご紹介しますね。

ある人は「今日はなんだか、羊羹《ようかん》が食べたい」と思っていました。

しかし、友達と一緒にお茶をすることになったため、和菓子屋さんへ行く時間はありませんでした。その人はちょっと残念に思い、「また明日買いに行けばいいか」と考え直しましたが、お茶に来た友達が、なんとお茶菓子として羊羹を持ってきてくれたのです。その人は、予想もしない出来事に、「まさかこんなことが起こるなんて」と驚きながら、羊羹とお茶を楽しみ、ハッピーな気持ちになりました。

ある人は、SNSで知り合った海外にいる友達とチャットをしていると、その友達が日本へ帰国することを知りました。その人は、友達の顔も年齢も知りませんでしたが、よく聞いてみると同い年ということがわかり、「帰国したらごはんに行こう」と会うことになったのです。

実際に会ってみると、友達はチャット以上に話しやすく、その人は心から信頼できる友人と出会うことになりました。

ある人は、友達が待ち合わせに遅れると聞いて、時間を持て余していました。時間つぶしのために何気なく入ったお店で、そこには自分の好みにぴったりのワンピースがあり、その人は運命的な出会いをしました。

特に買い物をする気もなく、友達が遅刻して来なければ入ることもなかったお店ですが、その人はとてもいい買い物ができたのです。

あなたの日常でも、「まさか、そんなことになるなんて」と思った出来事がありませんか？

この世界には「まさかの世界」があふれています。

そして、「まさかの世界」に遭遇できる人にも共通点があります。

それは、「こういうことがあったらいいな」「こういうことがしたいな」という望みを持ち、日頃から、自分の気分が上がる言葉を使っているということです。

望みを持っていなければ、「まさかの世界」に遭遇したとしても、気づくことができません。

「羊羹を食べたい」という自分の望みに気づいていなければ、お茶菓子が羊羹でもカステラでも、ただのお菓子でしかないからです。

それに、ふだんから気分の上がる言葉を使っていなければ、友達が遅刻してきたときも、「遅れてくるなんて信じられない」

「自分との約束なんてどうでもいいのかも」

とネガティブな気持ちになって、お店に入る気分にすらならないかもしれません。

欲しい未来を引き寄せ、望みを叶えるためには、言葉選びが重要です。

人に何かをしてもらったときも「申し訳ない」と言うのではなく、「ありがとう」と伝えることで、言葉の持つポジティブなエネルギーが自分と相手に循環していきます。

「ありがとう」

「うれしいな」

「幸せだな」

「楽しいな」

「いま、調子がいいな」

「心地いいな」

このような言葉は、発した自分も、受けとった相手も、ハッピーになれる力を持っています。

それを意識的に選択して、習慣にしていくことが、欲しい未来を手に入れる一歩につながっていきます。

◆幸せは口ぐせからやってくる

「口ぐせ一つ変えたって、どうせ幸せになれるはずがない」

そう思った方もいるかもしれません。

しかし、それこそが、ネガティブな未来を引き寄せるタネなのです。

まずは実験だと思って、「どうせ」と口にするのをやめてみましょう。もし、それだけで望んでいる生活や、欲しいものが手に入ったら、ものすごくハッピーですよね。もし手に入らなかったとしても、ポジティブな言葉を使えるようになれば、元気で心地いい言葉のエネルギーを受けとることができます。

つまり、口ぐせを変えることは、どちらに転んでもいいことしか起きないのです。

そして、日常のなかで、あなたが「まさか」と思うことが起きたら、「あれ、これって?」と気づくクセをつけてみてください。

少し時間がかかるかもしれませんが、少しずつ「まさかの世界」が広がっていくはずです。

いらない未来は引き寄せない

未来には、無数の選択肢があります。

そのなかから、あなたが望んだものが引き寄せられ、現実としてやってくるのです。

それはつまり、あなたが「いらない」と思った選択肢は、引き寄せられないということ。その先に続く「いらない未来」も、あなたが「ＮＯ」と言えば、同じように引き寄せずに済むのです。

もしかすると、自分の望んだ未来だけを願っていれば、「ＮＯ」と言葉を発する必要すらないのかもしれません。

しかし反対に、いらない未来を引き寄せてしまった場合はどうしたらいいのでしょうか？

あなたには、「なんでこんなものを引き寄せてしまったんだろう」と思った経験がありますか？

私がお話を聞いてみると、「恋愛で……」という女性が多いようでした。ここでは、ある女性の例をお話ししますね。

50代のある女性は、「結婚したい」と長年願っていました。そして、50代にしてようやく、気の合うパートナーと出会うことに成功したのです。

しかし、お互いの家を行き来するようになると、「テーブルの上にゴミを置きっぱなしにする」という彼のクセに気づきます。女性はどちらかと言えばきれい好きな性格で、彼のそのクセがどうしても許せませんでした。何度も注意をしましたが、彼の意識は変わりません。ほかのところは相性ぴったりなのに、たった一つのクセによって、女性は結婚する気を失ってしまったのです。

こんなとき、あなたならどうしますか？

「そのクセだけなら」と受け入れて、交際を続けますか？

それとも、「彼といても、望んでいた結婚生活は送れない」と別れますか？

答えは人それぞれです。人によって、受け入れられる部分もあれば、これだけは譲れないという部分もあります。家でゴミを置きっぱなしにすることは許せても、外食時にマナーが悪いことを許せない人もいるでしょう。

何を受け入れ、何をいらないと拒むかは、あなたが決められます。

つまり、あなたにとってこの出会いが「いらない未来」なのか、それとも自分が望む人生を歩くために「必要な未来」なのかを、あなた自身が決められるということです。

「ゴミを捨てない人はちょっと……」

そう思うのであれば、最初から言葉にして「きれい好きな人がいい」と伝えていれば、いらない未来はやってこないでしょう。もしやってきたとしても、すぐにそれが自分の望まないものと気づけるため、拒むことができます。例の女性は、自分がそこまできれい好きとは気づいていませんでした。ですから、パートナーにも自分の許せないことを伝えておらず、後から衛生面での相性の悪さに気づくことになったのです。

◆人生の決め札を持とう

いらない未来を引き寄せないためにも、日頃から、自分の本当の望みを理解しておくのが大切です。

また、「これはいらない未来かも」と感じたときに「もう50代だし、この人を逃したら二度と結婚できない」と決めつけ、なんとなく受け入れるのは、やめてしまいましょう。

自分にとって苦しい生活を続ける必要は、もうないのです。

あなたは今、どんな未来を引き寄せたいと願っていますか？

自分の気持ちに素直になれば、いらない未来も近寄ってこなくなります。

「いらない未来が来ているかもしれない」

そう感じたときも「決め札」を持っておけば、望んだ未来へ軌道修正を行うことができます。

決め札とは、これだけは譲れないというポイントや、選択を迫られたときに、自分なりの答えを出すためのキーワードのようなもの。

先ほどの女性の例で言えば、「結婚するならきれい好きじゃないと嫌」という決め札を持っていれば、いらない未来にすぐに気づき、その人とのつき合い方を考えることができたでしょう。

また、ある女性の決め札は「五体満足で健康な男性をパートナーにする」というものでした。

彼女にとっての健康体とは、足腰が丈夫で、毎朝3〜5キロほど一緒にお散歩をしたり、旅行にも積極的に出かけられたりする、元気と気力のある状態のこと。

彼女はそんなパートナーを探していましたが、あるときに出会った男性は、ヘビースモーカーでした。また、あるときの男性は足腰が弱く、遠出が難しい人でした。

たしかに気は合いますし、一緒にいて楽しいとも感じましたが、彼女は自分の決め札をしっかりと持っていたので、最初からパートナーという関係を望みませんでした。彼らとは、たまにお茶をする友達としてつき合うことにしたのです。そうして彼女は、いらない未来を回避し、なおかつ新しい友人と出会うこともできました。

未来には無数の選択肢がありますから、そのなかから、自分らしく生きる道を選ぶためにも、「決め札」は大切です。

なぜなら「決め札」とは、ある種、自分が心から望んでいる「願い」の一つだからです。

「こういうところだけは譲れない」

「こういう人は、自分には厳しい」

それをはっきりと認識するだけでも、あなたの人生にいらない未来がやってくる可能性は、ぐっと低くなりますよ。

◆人生を自分らしく生きる

「でも、そんな高望みしたら……」

決め札を決めるときは、ネガティブな考えを脇に置いておきましょう。

あなたが自分の望みを優先するのは、「わがまま」ではありません。

あなたは、自分の人生を自分らしく生きるために生まれてきたのです。

もしかすると、いらない未来を引き寄せている人は、このネガティブなループを無意識のうちに繰り返してしまっているのかも。そういう方は一度、自分のなかにある考えをストップさせてください。ゆっくりと、一人でリラックスできる時間をつくり、深呼吸をします。

そうして、本書でお伝えしてきた棚卸しや自分と向き合うプロセスを行い、自分を心地いい状態に引き上げてから、考えてみてくださいね。

叶える力で人生は変わる

「あなたの夢は必ず叶う」

私がそうお伝えするのは、この世界にいる誰しもが、自分の内側に「叶える種」を持っていると知っているからです。

「もう50代だから、いまさら望んでも叶わない」

そんなことは、ほとんどの場合においてありません。

たしかに、警察官や消防士、宇宙飛行士などの一部の専門的な職業には、受験に年齢制限があったり、身体的基準を満たしている必要があったりします。そのような仕事をしたいと願っている場合は、厳しいこともあるでしょう。

しかし、「その職に就きたい」と願う気持ちの奥にある「治安維持に貢献したい」「困っている人を助けたい」「宇宙に関わる仕事がしたい」などの本質的な望みは、50代になってからでも叶えてあげることができるのです。

それに、日本では原則として、求人に年齢制限を設けることが法律で禁じられています。仕事という側面だけで見ても、年齢を理由に叶わない夢はほとんどないのです。趣味や恋愛、自分のライフスタイルについてであれば、なおさら年齢は関係ありません。

私の場合、「X JAPANのYOSHIKIさんとつながりたい」と心から願ったことで、本当にそれが現実となったことがあります。

「そんなことありえない」

そう思われるかもしれませんが、私がイギリスで開かれるポロの大会のVIP席での観戦チケットを手に入れ、その1枚をお譲りしたいと思ったとき、引き寄せの法則と叶える力が働いて、それが現実となったのです。

ある女性は「私はやっぱり、着物の着付けの先生になりたい」と心のなかで望んでいました。ふだんから着物を着て出かけることが多かった彼女は、先生をして、生徒のみんなと着付けの発表会をする様子をイメージの世界で見て、「これだ！」とやりたいことに気づいたのです。

そうして着付け教室を開き、着物を着てお出かけをしたい人たちと交流することで、着物カルチャーを広げ夢を実現しました。

またある人は、「作家になりたい」と思い続けた結果、50歳にしてようやく作家としてデビューを果たしました。「自分は文章で表現をしたい」と望み、それが叶うと信じて続けた結果、夢を叶えることができたのです。

いまのあなたの夢は何ですか？

どんなに突拍子のない夢でもかまいません。

言葉にして、羅列してみましょう。

- □ 自分だけのお店を開く
- □ ディズニーランドを貸し切る
- □ 本を出版する
- □ 趣味を発信して、フォロワー500人を目指す
- □ 宝くじが当たる
- □ 世界一周旅行をする
- □ 自宅にコレクションルームをつくる

□ 仕事で成功をおさめる
□ 起業をする

あなたが「叶える種」をまき、水をやり、肥料を与えてあげれば、夢は叶います。大きな夢ほど、叶える種が芽吹くまでに時間はかかりますが、根気よく手入れをしてあげれば、いつかそれは叶うのです。

そう思うと、ワクワクしてきませんか？

◆自分だけの「叶える種」を育てよう

ここでいう「水やり」と「肥料」というのは、「やりたい」とまわりに言葉で伝えること、そして自分で行動をすることです。

まずは、その準備としてイメージのなかで行動し、夢が叶った世界を体験してみましょう。

たとえば、着付け教室を開いた彼女の場合は、「生徒さんが10人も集まった」「3か月コースが終わったあとは、会場を借りて、着物で卒業パーティーをしよう」とイメージのなかで夢が叶った世界を見ていました。そして、「夢が叶った！　おめでとう！」「よくできたね！　じゃあ、これからもっとどんなことをしようか？」と、どんどん現実世界で実際に行動するイメージをふくらませていったのです。これは、いわゆる「予祝」というものです。

日本には、古代から農耕儀礼の一つとして、豊作や多産などの一年間の幸せを願い、その様子を再現して祝うことで、現実でも豊作や多産という幸せを得るという風習がありました。

つまり、現代に生きる私たちも、イメージの世界で成功した未来を再現し、祝うことで、望んだ未来を得られるということです。ぜひイマジネーションをふくらませ、イメージの世界を楽しんでみましょう。もしかすると、マジカルチャイルドも一緒になってイメージを楽しみ「じゃあ、次は生徒さんを15人にしてみましょう」「若い世代の子にも着物を広めたらどう？」とアドバイスをくれるかもしれません。

イメージの世界で予祝をしたら、「こんなことがやりたいんだよね」「こういうことができたら楽しいと思う」とまわりに伝えてみましょう。

「人に話すだけで夢が叶うなら苦労はしない」

そう思う方もいるかもしれません。しかし、5人の友達に話して、その5人がまた5人ずつ別の友達に話せば、「○○さんが着付け教室をやっているよ」「生徒を募集しているらしいよ」という話はどんどん広まっていきます。話が広まれば「着物に興味があったの」「やってみようかな」という生徒が見つかることもあるでしょう。

まわりの人に話してみるだけでも、夢はどんどん叶い始めていくのです。

反対に言えば、話すことすらしなければ、その夢はあなたしか知らない秘密になってしまいます。まわりが手助けをする力やチャンスを持っていたとしても、夢を知らなければ、応援してもらうことはできないのです。

◆夢の兆《きざ》しに気づく

また、夢を叶える一歩を踏みだしたら、「夢の兆し」に敏感になってください。

生徒が一人でも来てくれたら、「あ、夢に一歩近づいたかも」

着物の先生募集のチラシを見つけたら、「あ、これって夢が叶う兆しかも」

と、日常にあふれている兆しを見逃さず、どんどん感じていってほしいのです。そして、実際に生徒が通ってくれるようになったら「叶った！」と喜び、イメージの世界で予祝を続けていくのが大切です。

自分の周波数を喜びの状態でキープできれば、楽しみながら夢を叶えていくことができます。

自分の夢を信じ、叶える種をたくさんまいてみてください。

いまこそ、あなたが自分だけの夢を叶えるときです。

章の終わりに

再び、自分の人生に挑戦する

愛の言葉を持ち、自分自身が愛に満ちた存在になっていけば、あなたの人生も愛あるものになっていきます。

愛ある人生は、あなたを豊かにするだけでなく、まわりの人にもいい影響を及ぼします。

まずは、いまの自分を受け入れ、愛してあげましょう。

そして、心から望んでいることを素直に受け入れ、ワクワクとした気持ちを持って挑戦してみてください。

あなたの人生は、いま、新しい50年向けて始まったばかりです。

7章のふり返り質問

□「『まさかの世界』があるとしたら、どんなことが起こりそうですか？」

□「あなたが心から願っている人生とはどんなものですか？」

□「あなたの決め札は何ですか？」

□「あなたの夢は何ですか？」

□「自分のことを愛していますか？」

おわりに――

いまの自分になったからこそ、これからが楽しくなる！

これまでの人生、本当にいろいろなことがありましたね。

嬉しかったこと、楽しかったこと、幸せだったこと、傷ついたこと、悲しかったこと、悔しかったこと――あなたはあらゆる経験を、この50年間でしてきたと思います。

そして、たくさんの学びを得て、愛され、感謝を受け、輝いてきました。

いまのあなたは、さまざまな時代を輝いて生きてきた彼ら／彼女らの集大成でもあります。

そして、これからもあなたは、輝きながら生きることができるのです。

いまのあなたには、これからの未来を自由に選ぶ権利があります。

あなたはこれから、どんなことを体験したいですか？

どんなふうに生きていきたいですか？

まだあなたには、50年もの時間があるのです。

再び50年の冒険に出るあなたには、たくさんの応援団がついています。

必要なのは、「この人生を全力で楽しむ」という決意だけ。

「自分らしく生きること」

「私が私でいること」

「ありのまま、物事を感じて生きること」

「楽しいことだけを体験しながら生きること」

すべてを許可して、「さあ、やってみよう！」と自分の内側の世界にゴーサインを出してみてください。


自分に許可を出すのが難しいと感じる場合は、ある種の「人生ゲーム」と考えて、たくさんのことに挑戦してみるのもいいでしょう。

たとえば、ちょっとおしゃれをして行ったお店に、素敵な人がいると思ったら、「ここによくいらっしゃるんですか？」と声をかけてみたり、バーでお話ししている人たちのところに交ざってみたりするのも、楽しい出会いを見つける一つの方法です。

「ナンパされてみよう／してみよう」と言っているわけではありません。

私がお伝えしたいのは、人との出会いに楽しみを感じるのであれば、好奇心を持って人に関わってみると、案外、交流が生まれることがあるということです。

インターネットが発達し、直接会わずともコミュニケーションが取れる時代だからこそ、私たちが思っている以上に、社会は人との交流を求めています。

ですから、そういうコミュニティに飛びこんでみたいと思ったら、「これは人生ゲームだから」「お試しだから」と自分に一歩踏み出す勇気を与えて、飛びこんでみましょう。

この一歩を踏み出すだけで、驚くほど人生が変わることもあります。


なにか興味が湧きそうなものを見つけたら、次のように問いかけてみてください。

「もしそれができたらワクワクしますか？」

「ＹＥＳ」という声が聴こえたら、あなたは準備ＯＫ。

ワクワクする自分のための人生をスタートさせましょう。

穴口恵子（あなぐち・けいこ）

スピリアルライフ提唱者、株式会社ダイナビジョン創始者
スピリチュアル（目に見えない世界）とリアル（現実）を統合して、日々の生活のなかで実践するスピリアルライフを通し、誰もが無限の可能性を開き、人生のバランスをとりながら幸せで豊かに生きることを提唱する。これまでに、人材育成コンサルタントとしてソニー、シティバンク・エヌ・エイ、本田技研工業、BMWをはじめとする数々のグローバルな上場企業等のコンサルティング、研修を行なう一方で、世界中に最高のメンターを探し求め、日本でそのプロデュースを行なうなど、世界最高レベルのものを人々に提供してきた。現在、日本でスピリチュアルスクールやショップの運営、セミナー事業等を行なうかたわら、聖地として名高いアメリカのシャスタ山でもショップを運営。世界各国からも招かれ、セミナーや個人セッションを行なっている。これまで18,000人以上に個人セッションを提供。ハワイ島、カウアイ島、マウイ島、オアフ島、シャスタ山、セドナ、ペルーのマチュピチュ、チチカカ湖、インドのブッダガヤ、イギリスのグラストンベリー、フランスのマグダラのマリアの洞窟、レンヌ・ル・シャトー、ルルド、モン・サン・ミッシェルなど、数々の世界初のパワースポット遠隔伝授を開発し、延べ150,000人を超える参加者が受講している。スピリアルライフをサポートするセラピストの育成に特に注力しており、オリジナルのヒーリングやチャネリングメソッドの認定コースを全国で開催中。これまでに3,000人以上のセラピストを輩出している。
2020年12月21日冬至、風の時代への切り替わりのタイミングで25年間経営していたダイナビジョンの代表取締役社長を交代。より軽やかに自由にスピリアルライフを満喫中。著書に、『叶える力』（きずな出版）、『1日3分　瞑想してお金持ちになる方法』（光文社）、『あたらしい神話』（すみれ氏との共著、サンマーク出版）他多数。

穴口恵子のソーシャルメディア
https://lit.link/keikoanaguchi

50歳から輝く女性の生き方

2023年6月1日　初版第1刷発行

著者　穴口恵子

発行者　櫻井秀勲

発行所　きずな出版
東京都新宿区白銀町1－13
電話03-3260-0391　振替00160-2-6333551
https://www.kizuna-pub.jp/

印刷　モリモト印刷

ブックデザイン　鳴田小夜子（KOGUMA OFFICE）

ISBN978-4-86663-206-3